DVD-ROM 1枚付

製作 LiveABC

DVDで学ぶ ライブビジネス 中国語

東方書店

序

本書について

　本書は実用的な「ビジネス中国語」の学習教材です。中国語の基礎をひととおり学んだ方を対象に、ビジネスの最前線へ向かうにあたって、必要な語彙やフレーズを盛り込んでいます。臨場感あふれるスキットは、会議や交渉のシミュレーションとしても役立つでしょう。また、本書は、台湾で語学教材の開発・製作に定評のあるLiveABCと東方書店が共同で製作したものです。中国全土で使われている"普通话"の教材ですが、台湾らしい表現なども同時に見ることができます。

　Unit 1〜Unit 5はウォームアップです。Unit 1では発音の基礎を復習します。Unit 2〜Unit 5では、空港、ホテル、レストラン、買い物の場面別に、必須単語と会話を練習しましょう。

　Unit 6〜Unit 9がビジネス編です。オフィスでのやりとり、会議とプレゼンテーション、出張と接待、交渉と契約を取り上げました。各Unitは「図解詞汇／単語帳」「必备句／常用フレーズ」「实用会话／実用会話（3シーン）」「职击现场／実践編（1シーン）」から構成されています。さまざまな業種の、いろいろな場面を取り上げていますので、例えば、自己紹介や会議の直前に、その場にあった使える表現を確認する、といった使い方もできます。また、中国とのビジネス習慣上、知っておきたいマナーやタブーなどを紹介するコーナー「文化补充／ビジネススクール」も設けました。書籍の構成については、8〜9ページもご参照ください。

　付録にはビジネス文書・メールの例を収録しました。巻末に「実用中国語レベル認定試験（C.TEST）」の模擬試験問題と解答も用意していますので力だめしをしてみてはいかがでしょうか。

DVD-ROMについて

　付属のDVD-ROMにはスキットの動画はもちろん、テキストバージョンやテスト、単語と文法が一覧できるインデックスなどを収録していますので、DVD-ROMだけでも学習できます。詳しい使い方については10〜13ページをご覧ください。また、MP3の音声データも収録していますので、ご利用ください。

品詞分類

　本テキストで使用している品詞等の略称は以下の通りです。

adj.	Adjective	形容词	形容詞
adv.	Adverb	副词	副詞
conj.	Conjunction	连词	接続詞
m.	Measure Word	量词	量詞
n.	Noun	名词	名詞
prep.	Preposition	介词	介詞 (前置詞)
pron.	Pronoun	代名词	代名詞
v.	Verb	动词	動詞
O	Object	宾语	目的語
S	Subject	主语	主語

目次

序	2
目次	4
本書の構成	8
DVD（またはアプリケーション）使用説明	10

発音と基礎会話 — 15

UNIT 1 発音の基礎 — 16

UNIT 2 飛行場
- 単語帳　　机场　空港 — 18
- 常用フレーズ　搭机旅游　空港にて — 20

UNIT 3 ホテル
- 単語帳　　饭店　ホテル — 22
- 常用フレーズ　饭店住宿　ホテルにて — 24

UNIT 4 食事
- 単語帳　　中国菜与餐具　中華料理と食器 — 26
- 常用フレーズ　餐厅用餐　レストランで — 28

UNIT 5 買い物
- 単語帳　　旅游纪念品　旅行のおみやげ — 30
- 常用フレーズ　轻松购物　買い物 — 32
- ビジネススクール　数字与颜色　数字と色 — 34

ビジネス編

UNIT 6　オフィスの中国語　35

単語帳	办公室环境　オフィスにあるもの	36
常用フレーズ	办公室用语　オフィスで使う言葉	38
実用会話Ⅰ	自我介绍　自己紹介	40
実用会話Ⅱ	欢迎新伙伴　新しい同僚	43
実用会話Ⅲ	代接电话　電話を受ける	46
実践編	认识环境　社内を案内する	50
ビジネススクール	打招呼与交换名片　あいさつと名刺交換	55

UNIT 7　会議と報告　57

単語帳	简报图表和用语　グラフに関する用語	58
常用フレーズ	报告这样说　報告の具体例	60
実用会話Ⅰ	各部门与会　担当者による話し合い	62
実用会話Ⅱ	说清楚讲明白　はっきりと意見を述べる	65
実用会話Ⅲ	沟通与协调　議論と調整	68
実践編	提案报告　プレゼンテーション	72
ビジネススクール	办公室禁忌话题　オフィスのタブー	77

目次

UNIT 8	出張と接待		79
	単語帳	出差相关词汇　出張に関連した言葉	80
	常用フレーズ	出差接待说什么　出張と接待	82
	実用会話Ⅰ	行前确认　出張前の確認	84
	実用会話Ⅱ	机场接机　空港での出迎え	87
	実用会話Ⅲ	参展促销　展示会での説明	90
	実践編	款待贵客　お客様をもてなす	94
	ビジネススクール	送礼的礼仪　贈り物の流儀	99

UNIT 9	交渉と契約		101
	単語帳	产品供应链　製品供給の流れ	102
	常用フレーズ	谈判签约　契約の交渉	104
	実用会話Ⅰ	采购与议价　仕入れと価格交渉	106
	実用会話Ⅱ	下单与付款　発注と支払い	109
	実用会話Ⅲ	包装与运送　包装と輸送	112
	実践編	异业结盟　異なる業界との提携	116
	ビジネススクール	不可不知的华人展览　知っておきたい中華圏の展示会	121

付録

文書例集 — 123

商业文书　ビジネス文書 — 124

股东大会通知　株主総会通知 — 126

电子签呈　電子メールによる提議 — 128

出差通知　出張時の申し送り — 130

行程表　スケジュール表 — 132

确认信　確認のメール — 134

合约书　契約書 — 136

报价单　見積書 — 138

C.TEST

实用汉语水平认定考试　実用中国語レベル認定試験 — 140

C.TEST（模擬問題） — 142

解答　解答例 — 180

书本内容介绍 本書の構成

本書はウォームアップ編（「発音と基礎会話」unit 1～unit 5）と、ビジネス編（unit 6～unit 9）に分かれています。

第一部分　ウォームアップ編

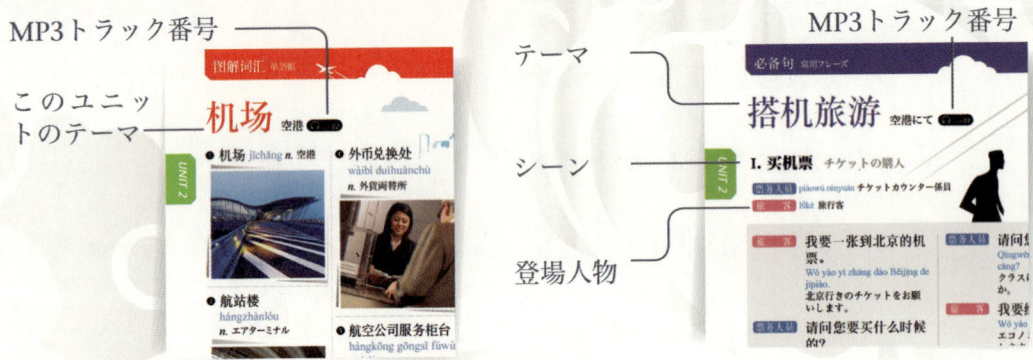

- MP3トラック番号
- このユニットのテーマ
- テーマ
- MP3トラック番号
- シーン
- 登場人物

第二部分　ビジネス編

◆ ユニットの扉

- このユニットのテーマ
- ユニットの内容紹介

◆ 図解词汇／単語帳

- MP3トラック番号
- テーマ

- 単語
- 単語には、品詞、ピンイン、日本語訳を付しています。

◆ 必备句／常用フレーズ

- テーマ
- シーン
- 登場人物

2通りの回答がある場合"Yes"と"No"、2種類の答え方を載せています。

◆ 实用会话 / 実用会話

テーマ

シーン
1ユニットに3つのシーン（part 1 ～ part 3）を用意しています。

MP3トラック番号

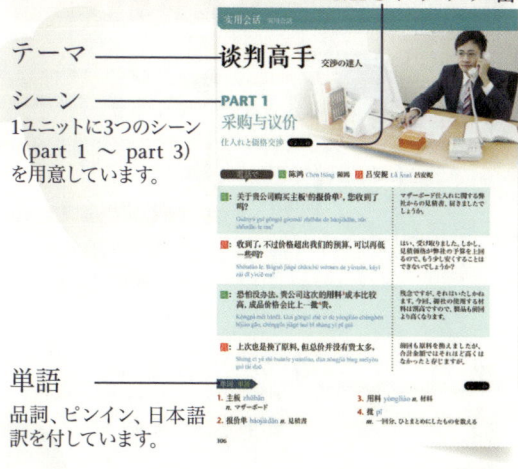

文法
会話の中から重要なフレーズを取りだして解説するとともに、例文を掲載します。

補充単語
実用会話のテーマに関連する単語を集めました。発展学習に役立ててください。

単語
品詞、ピンイン、日本語訳を付しています。

◆ 职击现场 / 実践編

テーマ

MP3トラック番号

登場人物
シーンの説明

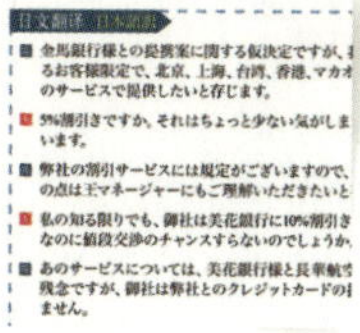

日本語訳 単語
「実践編」の日本語訳、単語は後ろにまとめてあります。中国語の会話だけを読んで、どれくらい理解できるか試してみましょう。

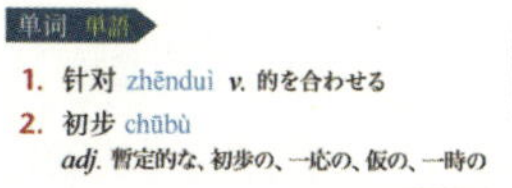

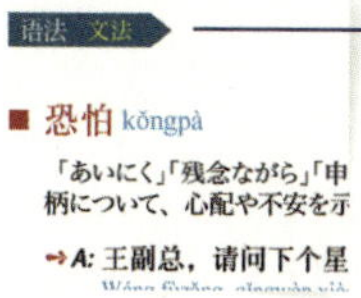

語法 文法

文法

※"职击"（職撃）は音の同じ"直击"（直撃）にかけた造語です。

「実践編」の最後は、更なるステップアップを目指して、内容に関連した単語や表現を集めたコーナーです。

◆ 文化补充 / ビジネススクール

中国ビジネスの商習慣として知っておきたいことを解説する読み物です。

DVD使用説明 DVD（またはアプリケーション）使用説明

必要システムについて

- CPU：Intel Pentium4以上
- OS：日本語Windows XP以上
- メモリ：256MB RAMが必要（512MB以上をお勧めします）
- DVD-ROMドライブ
- 高画質なディスプレー（16bit以上）
- サウンドカード、スピーカー、マイク
- 500MB以上のハードディスクの空き容量
- Microsoft Media Player 9.0以上

DVD-ROMのインストール

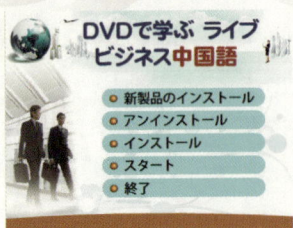

STEP 1： DVD-ROMをドライブに入れます。

STEP 2： DVD-ROMは自動的に読み取りを開始し、双方向中国語ソフトのインストールが開始されたことを示す表示が画面に表れます。

＊ お手持ちのパソコンに、『映画でたのしく中国語 アン・リーの飲食男女』など、LiveABC製品がすでにインストールされている場合は、選択画面が表示されますので、「インストール」をクリックしてください。

作動に関する説明

「スタート」をクリックし、プログラムを起動させます

メインメニュー

❶ UNIT1～UNIT9、C.TESTが選択できます。
　① インデックス：単語と文法が一覧できるインデックス画面に移動します。
　② 機能の説明：説明のページが開きます。
　③ 終了：「ライブビジネス中国語」を終了します。

❷ 各UNITのところにマウスを動かすとユニットのテーマが表示されます。

❸ UNITを選択すると、その内容が表示されますので、そこから各ページに移動します。

ツールバーの説明

単語帳画面で「ツールバー」ボタンをクリックすると、画面下部にツールバーが表示されます。

 ❶ 終了
　「ライブビジネス中国語」を終了します。

❷ メインメニュー
　メインメニューに戻ります。

❸ 一覧表示
全ユニットの内容を表示します。

❹ 全て表示
新しいウインドウが開き、全ての単語をピンイン、日本語訳とともに表示します。

❺ 逐語表示
番号順に発音し、読まれている単語をピンイン、日本語訳とともに表示します。この機能は、マウスを動かすだけで停止します。

❻ リピート再生
「リピート再生」をクリックしてから、単語を選択すると、その単語を繰り返し発音します。この機能を停止するには、再度「リピート再生」をクリックします。

❼ 録音
「録音」をクリックすると新しいウインドウが開きます。

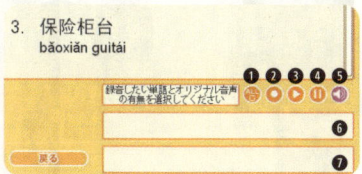

❶ 全て選択　　❺ オリジナル再生
❷ 録音　　　　❻ オリジナル波形表示
❸ 再生　　　　❼ 録音波形表示
❹ 一時停止

録音のしかた

i. 録音する単語を選択します。オリジナル音声を聞いてから録音したい場合は「オリジナル再生」をクリックします。

ii. 「録音」をクリックします。

iii. マイクに向かって選択した単語を発音します（「オリジナル再生」を選択した場合は、発音を聞いてから録音になります）。

iv. 録音が終了したらスペースキーを押します。

v. 「再生」をクリックすると録音した音声を確認できます。また、「オリジナル波形表示」「録音波形表示」窓に、それぞれの波形が表示されます。

❽ リスニングテスト
発音された単語をクリックして解答します。

(1) もう一度聞く　　(2) 答え合わせ

(3) 終了

＊「リスニングテスト」のバーは移動することができます。

❾ 印刷
「印刷」をクリックすると、印刷範囲を選択する画面が開きます。日本語訳のあり／なしも選択できます。また、テキストファイルとして保存することも可能です。

❿ ヘルプ
「機能の説明」ページが開きます。

テキストモード学習の説明

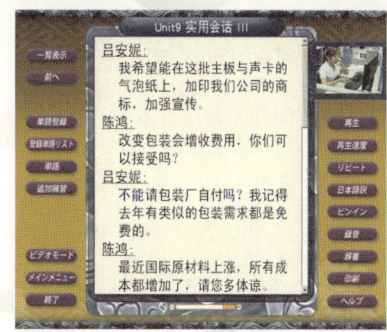

テキスト画面の青字部分をクリックすると、文法の解説と例文が表示されます。

❶ 一覧表示
全ユニットの内容を表示します。

❷ 単語登録
- 「単語登録」をクリックしてから、登録したい単語をクリックします。登録画面が開きますので「追加」をクリックすると登録されます。
- この画面で、登録単語の削除や印刷もできます。
- 「戻る」をクリックして、元の画面に戻ります。

DVD使用説明 DVD（またはアプリケーション）使用説明

登録単語リスト ❸ 登録単語リスト
登録した単語を一覧表示します。単語を選択すると、ピンイン、日本語訳が表示され、発音が聞けます。

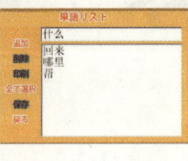

単語 ❹ 単語
単語が、品詞、日本語訳とともに表示されます。発音を聞くには、その単語をクリックします。

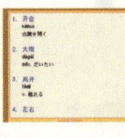

追加練習 ❺ 追加練習
「補充単語」や「実践編」の最後の関連表現を集めたコーナーを表示します。

ビデオモード ❻ ビデオモード
ビデオモードに切り替わります。

再生 ❼ 再生
- スキットを再生します。再生中にクリックすると停止します。
- 停止中に、「再生」を右クリックすると中国語または日本語のテキストの表示／非表示が選べます。

再生速度 ❽ 再生速度
「実用会話」と「実践編」は長めのスキットになっています。会話のスピードが速いと感じられる方は、ここをクリックして、スロー再生に切り替えてください。

リピート ❾ リピート
- 「リピート」をクリックした後に、任意のセンテンスをクリックすると、そのセンテンスだけをリピート再生します。
- 「リピート」を右クリックすると、リピート回数とポーズの時間を設定する画面が表示されます。

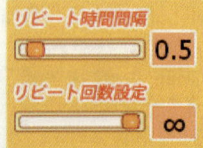

日本語訳 ❿ 日本語訳
- 日本語訳を画面下段に表示します。「日本語訳」画面を開いた状態で、中国語のセンテンスをクリックすると、そのセンテンスが発音されるとともに、日本語訳も表示します。
- 日本語訳のセンテンスをクリックすると、それに相当する中国語のセンテンスの音声が聞けます。

ピンイン ⓫ ピンイン
画面下段にピンインを表示します。

辞書 ⓬ 辞書
「辞書」画面を表示して、調べたい単語をクリックすると、単語、ピンイン、品詞、日本語訳が表示され、単語を発音します。

ビデオモード学習の説明

❶ テキストモード
テキストモードに切り替わります。

❷ 画面右側にあるアイコン：
①連続再生／一時停止　②再生／停止
③一時停止　④前のセンテンスへ
⑤次のセンテンスへ　⑥リピート
⑦全画面表示。

- 「連続再生」は、実用会話Ⅰ、Ⅱ、Ⅲを続けて再生します。
- 「再生／停止」ボタンで停止すると、スキットの先頭に戻ります。

＊一時停止を解除するには「再生／停止」ボタンをクリックしてください。

❸ 画面の下のスクロールバーで見たい場面を選べます。

❹ 中国語と日本語が下段の字幕画面に表示されます。字幕左のアイコンをクリックし、表示／非表示の切り替えを行います。

C.TEST（実用中国語レベル認定試験）

❶ メインメニューで「C.TEST」をクリックし、さらに「第一回」「第二回」を選択すると、「リスニング」「総合応用」の選択画面になります。

❷ テストを選択します。

❸ テストを途中で終了すると、解答の記録が残りません。

❹ 「次へ」をクリックすると、1問スキップできます。前の問題に戻るには「前へ」をクリックします。「テストタイプ選択」で、大問ごとの移動もできます。

❺ 制限時間はありませんが、上部に所要時間が表示されます。テスト終了後に「解答確認」をクリックすると、各回の所要時間と正解数が表示されます。

❻ 「再チャレンジ」をクリックすると、選択したテストの最初のページに戻ります。

❼ 「内容詳細」をクリックすると、正解と、受験者の解答が表示されます。リスニングの場合は問題文の内容と質問も表示されます。

❽ 「印刷」からは、全ての問題を印刷することができます。

❾ 「終了」をクリックすると、「テスト」のトップ画面に戻ります。

インデックス

❶ メインメニューから「インデックス」をクリックします。「単語」と「文法」が選択できます。

❷ 単語
(1) 単語はピンインのアルファベット順に並んでいます。単語をクリックするとピンイン、日本語訳が表示され、発音が聞けます。

(2) 単語をダブルクリックするか、単語を選んで「センテンス一覧」をクリックすると、その単語が使われている全てのセンテンスが表示されます。

(3) センテンスをダブルクリックするか「レッスン」をクリックすると、そのセンテンスが出てきたユニットのテキストモード画面に移動します。

(4) テキストモードで登録した単語は、「登録単語」をクリックすると表示されます。

(5) 「単語」か「センテンス一覧」画面で再生をクリックすると、頭から再生します。

(6) 任意の単語を選択し「プリント」をクリックすると、その単語をプリントアウトできます。

❸ 文法
(1) 「文法」は、「実用会話」「実践編」の文法項目を一覧表示します。プリントアウトも可能です。

(2) 項目をダブルクリックするか、あるいは「レッスン」ボタンを押すと、テキストモードの画面に移動します。

MP3について

本DVD-ROMには、MP3形式の音声データも収録しています。「マイコンピュータ」から、DVD-ROMを選択し、右クリックして「開く」を選択してください。「MP3」フォルダをダブルクリックすると、track 01からtrack 94までMP3ファイルが収録されています。

基本必备华语

発音と基礎会話

ビジネス中国語の学習に入る前に、中国語の基礎を復習しましょう。Unit 1～Unit 5 では、発音の基礎から始め、ビジネスパーソンが中国語圏に出張する際に必要な旅行会話を、空港、ホテル、レストラン、買い物の場面別に学習します。また、「ビジネススクール」のコーナーでは、数字と色に込められた意味とタブーを紹介します。

中文基礎发音

発音の基礎

① 音節の基本構造

mǎ 声調	é 声調
声母 韻母	韻母
中国語の音節は、通常、3つの部分から成り立っています。声母、韻母、声調です。	声母がない場合もありますが、韻母と声調は必須要素です。

② 声母と韻母　中国語には21の声母と36の韻母があります。

2.1 声母

b	p	m	f
d	t	n	l
g	k	h	
j	q	x	
zh	ch	sh	r
z	c	s	

2.2 韻母

a	o	e	
i	u	ü	
ai	ei	ao	ou
an	en	ang	eng
er			
ia	ie	iao	iu ❶
ian	in	iang	ing
ua	uo	uai	ui ❷
uan	un ❸	uang	ueng (ong)
üe	üan	ün	iong

※CDでは、発音しやすいように、声母に適当な韻母をつけて発音しています。bからfまでは、声母の後に韻母"o"をつけて発音し、dからhまでは、韻母"e"を、jからsまでは、韻母"i"をつけて発音します。

※声母があるときに、複韻母の弱く発音される韻母 o、e はピンインから省略されます。
❶の iu は iou、❷の ui は uei、❸の un は uen が本来の発音です。

i, u, ü のまえに子音がないときのピンイン表記

i を y に置き換える、またはyを付け足す

i → yi, ia → ya, ie → ye, iao → yao, iu → you, ian → yan, iang → yang, in → yin, ing → ying, iong → yong

u を w に置き換える、またはwを付け足す

u → wu, ua → wa, uo → wo, uai → wai, ui → wei, uan → wan, un → wen, uang → wang, ueng → weng

y を付け足す (üの点がなくなるピンインに注意)

ü → yu, üan → yuan, üe → yue, ün → yun

3 声調

声調は音節の高低アクセントです。音の高低でことばの意味が変わってしまいますから大変重要なものです。例えば、shuǐjiǎo と shuìjiào は、ピンインはまったく同じです。声調の違いだけで"水饺"（水ギョーザ）と"睡觉"（眠る）を区別しなければなりません。声調は4種類あるので「四声」ともいいます。また、四声のあとに軽くそえる軽声があります。

第一声 —
mā n. お母さん

高く平らに。ふつうの声より高いところからはじめて、最後までトーンが落ちないようにします。

第二声 ／
má n. 麻

急上昇。ふつうの声の高さからはじめ、すみやかに上昇させます。「エエッ」と聞き返すときの調子に似ています。

第三声 ∨
mǎ n. 馬

低くおさえる。自分の一番低い声ではじめて、そのままおさえます。語尾が多少あがる場合もありますが、とにかく低くはじめることがポイントです。

第四声 ＼
mà v. 罵る

急降下。高いところからはじめて、一気に下げます。すばやく急激に落とすことを心がけましょう。

軽声
māma n. お母さん

四声に軽く短くそえるように発音します。声調記号はありません。

图解词汇 単語帳

机场 空港 02

❶ 机场 jīchǎng *n.* 空港

❷ 航站楼
hángzhànlóu
n. エアターミナル

❸ 保险柜台
bǎoxiǎn guìtái
n. 保険取り扱いカウンター

❹ 外币兑换处
wàibì duìhuànchù
n. 外貨両替所

❺ 航空公司服务柜台
hángkōng gōngsī fúwù guìtái
n. 航空会社サービスカウンター

❻ 旅客
lǚkè
n. 乗客、旅客

❼ 地勤人员
dìqín rényuán
n. グランドスタッフ

❽ 磅秤 bàngchèng
n. 台ばかり

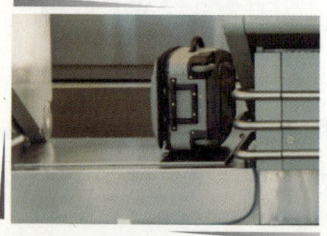

❾ 航班时刻表
hángbān shíkèbiǎo
n. 航空時刻表

❿ 准时
zhǔnshí
adj. 定刻

⓫ 早到 zǎodào
v. 飛行機が定刻より早く到着すること

⓬ 误点
wùdiǎn
v. 遅延

⓭ 取消 qǔxiāo
v. (搭乗便の) キャンセル

❶❹ 行李 xíngli
n. (旅行の) 荷物

❶❺ 随身行李
suíshēn xíngli
n. 手荷物

❶❻ 手推车
shǒutuīchē
n. カート

❶❼ 取行李处
qǔxínglichù
n. 荷物受け取り所

❶❽ 行李传送带
xíngli chuánsòngdài
n. (荷物受け取りの) ターンテーブル

❶❾ 海关 hǎiguān n. 税関

❷⓿ 入境大厅
rùjìng dàtīng
n. 到着ロビー

❷❶ 出境大厅
chūjìng dàtīng
n. 出発ロビー

❷❷ 机场巴士
jīchǎng bāshì
n. シャトルバス、空港リムジンバス

❷❸ 机场电车
jīchǎng diànchē
n. (空港内の) シャトル電車

必备句 常用フレーズ

搭机旅游　空港にて

I. 买机票　チケットの購入

票务人员 piàowù rényuán　チケットカウンター係員
旅　客 lǚkè　旅行客

旅　客 我要一张到北京的机票。
Wǒ yào yì zhāng dào Běijīng de jīpiào.
北京行きのチケットをお願いします。

票务人员 请问您要买什么时候的?
Qǐngwèn nín yào mǎi shénme shíhou de?
いつの便ですか。

旅　客 明天下午三点。
Míngtiān xiàwǔ sān diǎn.
明日午後3時の便です。

票务人员 您要往返票吗?
Nín yào wǎngfǎnpiào ma?
往復ですか。

旅　客 不，我要单程票。
Bù, wǒ yào dānchéngpiào.
いいえ、片道で結構です。

票务人员 请问您要买什么舱?
Qǐngwèn nín yào mǎi shénme cāng?
クラスはいかがなさいますか。

旅　客 我要经济舱。
Wǒ yào jīngjì cāng.
エコノミークラスでお願いします。

票务人员 请出示您的护照，我帮您订位。
Qǐng chūshì nín de hùzhào, wǒ bāng nín dìngwèi.
席を予約いたしますので、パスポートをご提示いただけますでしょうか。

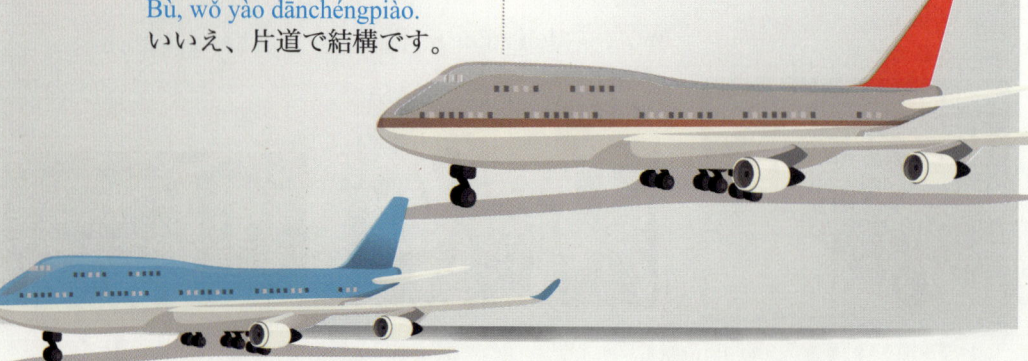

II. 办理登机手续　搭乗手続

| 地勤人员 | dìqín rényuán グランドスタッフ | 旅　客 | lǚkè 旅行客 |

地勤人员　您好，请给我您的机票和护照。
Nín hǎo, qǐng gěi wǒ nín de jīpiào hé hùzhào.
いらっしゃいませ。航空券とパスポートをお願いします。

旅　客　好的。可以给我靠走道的位子吗？
Hǎo de. Kěyǐ gěi wǒ kào zǒudào de wèizi ma?
はい。通路側の席は取れますか。

地勤人员　好。您有多少行李要托运？
Hǎo. Nín yǒu duōshǎo xíngli yào tuōyùn?
わかりました。お預かりする荷物はいくつありますか。

旅　客　一共两件。
Yígòng liǎng jiàn.
2つです。

地勤人员　请把行李放到磅秤上……。这是您的登机牌，8点在63号登机口登机。
Qǐng bǎ xíngli fàng dào bàngchèng shang.... Zhè shì nín de dēngjīpái, bā diǎn zài liùshísān hào dēngjīkǒu dēngjī.
はかりに乗せてください。……こちらが搭乗券です。8時に63番ゲートからご搭乗ください。

III. 转机　乗り継ぎ

| 地勤人员 | dìqín rényuán グランドスタッフ | 旅　客 | lǚkè 旅行客 |

旅　客　你好，我要转ABC 321次班机到上海，请问在哪里登机？
Nǐ hǎo, wǒ yào zhuǎn ABC sān èr yāo cì bānjī dào Shànghǎi, qǐngwèn zài nǎli dēngjī?
すみません。ABC航空321便上海行きの乗り継ぎは、どの搭乗口に行けばいいですか。

地勤人员　请给我看一下您的登机牌……。先生，转往上海的飞机在20号登机口登机，下午4点开始登机。
Qǐng gěi wǒ kàn yíxià nín de dēngjīpái…Xiānsheng, zhuǎn wǎng Shànghǎi de fēijī zài èrshí hào dēngjīkǒu dēngjī, xiàwǔ sì diǎn kāishǐ dēngjī.
搭乗券を拝見できますか。……お客様、上海行きの乗り継ぎは20番ゲートです。搭乗は午後4時からです。

饭店 ホテル 04

❶ 大厅
dàtīng
n. ロビー

❷ 前台
qiántái
n. フロント

❸ 前台服务员
qiántái fúwùyuán
n. フロント係

❹ 住客
zhùkè
n. 宿泊客

❺ 门卡
ménkǎ
n. (カード型)ルームキー

❻ 旅游手册
lǚyóu shǒucè
n. 旅行ガイド

❼ 登记
dēngjì
v. チェックイン

❽ 退房
tuìfáng
v. チェックアウト

❾ 电动扶梯
diàndòng fútī
n. エスカレーター

❿ 电梯
diàntī
n. エレベーター

⓫ 服务台
fúwùtái
n. サービスカウンター

⓬ 门童
méntóng
n. ドアマン

⓭ 单人房
dānrénfáng
n. シングルルーム

⓮ 双人房
shuāngrénfáng
n. ツインルーム、ダブルルーム

⓯ 餐厅
cāntīng
n. レストラン

⓰ 酒吧
jiǔbā
n. バー

⓱ 商务中心
shāngwù zhōngxīn
n. ビジネスセンター

⓲ 健身中心
jiànshēn zhōngxīn
n. フィットネスセンター

⓳ 游泳池
yóuyǒngchí
n. プール

⓴ 桑拿中心
sāngná zhōngxīn
n. サウナルーム

必备句 常用フレーズ

饭店住宿 ホテルにて 05

前台服务员 qiántái fúwùyuán フロント係　客人 kèrén 客

I. 电话订房　電話での予約

客人 你好，我要订一间单人房。
Nǐ hǎo, wǒ yào dìng yì jiān dānrénfáng.
すみません。シングルルームを予約したいのですが。

前台服务员 请问您要订什么时候的?
Qǐngwèn nín yào dìng shénme shíhou de?
ご予約のお日にちはいつですか。

客人 五月一号。
Wǔyuè yī hào.
5月1日です。

前台服务员 您要住几个晚上?
Nín yào zhù jǐ ge wǎnshang?
何泊なさいますか。

客人 三个晚上。
Sān ge wǎnshang.
3泊です。

II. 直接在酒店订房　ホテルでの当日予約

客人 今天晚上有空房吗?
Jīntiān wǎnshang yǒu kōngfáng ma?
今日空き室はありますか。

(空き室がある場合)

前台服务员 有，请问您要什么样的房间?
Yǒu, qǐngwèn nín yào shénmeyàng de fángjiān?
はい。どのようなタイプのお部屋をご希望ですか。

客人 我要一间双人房。
Wǒ yào yì jiān shuāngrénfáng.
ツインルームをお願いします。

(満室の場合)

前台服务员 很抱歉，今天已经客满了。
Hěn bàoqiàn, jīntiān yǐjīng kèmǎn le.
申し訳ありません。本日は満室です。

客人 没关系，谢谢。
Méi guānxi, xièxie.
わかりました、ありがとうございます。

III. 询问退房时间　チェックアウトの時間を確認する

客人　请问退房时间是几点?
Qǐngwèn tuìfáng shíjiān shì jǐ diǎn?
チェックアウトは何時ですか。

前台服务员　中午十二点前。
Zhōngwǔ shí'èr diǎn qián.
正午までです。

IV. 房间有问题时　部屋に問題があったとき

客人　我房间的冰箱有点儿问题。
Wǒ fángjiān de bīngxiāng yǒudiǎnr wèntí.
部屋の冷蔵庫の調子が悪いのですが。

前台服务员　好的，我们立刻派人去处理。
Hǎo de, wǒmen likè pài rén qù chǔlǐ.
わかりました。すぐにうかがいます。

V. 询问设施开放时间　設備の利用時間を尋ねる

客人　请问健身房开到几点?
Qǐngwèn jiànshēnfáng kāi dào jǐ diǎn?
フィットネスルームは何時まで使えますか。

前台服务员　晚上八点。
Wǎnshang bā diǎn.
午後8時までです。

UNIT 3

图解词汇 単語帳

中国菜与餐具
中華料理と食器 06

❶ 麻婆豆腐
mápó dòufu
n. マーボー豆腐

❼ 开阳白菜
kāiyáng báicài
n. 干しエビの白菜煮

❷ 宫保鸡丁
gōngbǎo jīdīng
n. 鶏肉とカシューナッツの唐辛子炒め

❽ 皮蛋豆腐
pídàn dòufu
n. ピータン豆腐

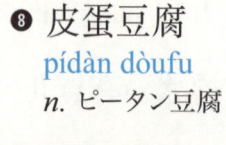

❸ 北京烤鸭
běijīng kǎoyā
n. 北京ダック

❾ 蚂蚁上树
mǎyǐ shàng shù
n. 春雨と豚ひき肉の煮込み

❿ 梅菜扣肉
méicài kòuròu
n. 豚肉と高菜の醤油蒸し

❹ 东坡肉
dōngpōròu
n. 豚肉の角煮、トンポーロウ

❺ 糖醋鱼
tángcùyú
n. 白身魚の甘酢あんかけ

⓫ 红烧狮子头
hóngshāo shīzitóu
n. 特大肉団子のスープ蒸し

❻ 咕噜肉
gūlūròu
n. 酢豚

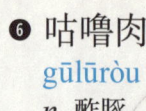

⓬ 火锅
huǒguō
n. 鍋料理、中国風寄せ鍋

UNIT 4

26

⑬ **牛肉面**
niúròumiàn
n. 牛肉の煮込み麺、ニューロウ麺

⑭ **锅贴**
guōtiē
n. 焼きギョーザ

⑯ **小笼包**
xiǎolóngbāo
n. 小籠包、ショーロンポー

⑮ **饺子**
jiǎozi
n. (水)ギョーザ

⑰ **酸辣汤**
suānlàtāng
n. サンラータン

⑱ **筷子**
kuàizi
n. 箸

⑲ **碗**
wǎn
n. お椀、茶碗

⑳ **调羹/勺子**
tiáogēng/sháozi
n. ちりれんげ／スプーン、さじ

㉑ **盘子/碟子**
pánzi/diézi
n. 皿

㉔ **茶壶**
cháhú
n. 急須

㉒ **酒杯**
jiǔbēi
n. グラス、おちょこ

㉓ **托盘**
tuōpán
n. お盆

㉕ **茶杯**
chábēi
n. 湯飲み茶碗

必备句 常用フレーズ

餐厅用餐　レストランで

| 服务员 | fúwùyuán | ウェイター、ウェイトレス |
| 客人 | kèrén | 客 |

I. 用餐人数　食事の人数

服务员 欢迎光临，请问几位？
Huānyíng guānglín, qǐngwèn jǐ wèi?
いらっしゃいませ。何名様ですか。

客人 四个人。
Sì ge rén.
4人です。

II. 询问餐厅空位　空席を確かめる

客人 现在有两个人的位子吗？
Xiànzài yǒu liǎng ge rén de wèizi ma?
二人席は空いていますか。

(席がある場合)

服务员 有，请跟我来。
Yǒu, qǐng gēn wǒ lái.
はい。こちらへどうぞ。

(満席の場合)

服务员 很抱歉，我们客满了。
Hěn bàoqiàn, wǒmen kèmǎn le.
すみません。ただいま満席です。

III. 用餐地点　イートインかテイクアウトか

服务员 您要在这儿吃还是外带？
Nín yào zài zhèr chī háishì wàidài?
こちらでお召し上がりですか、それともお持ち帰りですか。

客人 在这儿吃。
Zài zhèr chī.
ここで食べます。

IV. 询问菜色　　メニューを聞く

客人　请给我菜单。你们今天有什么特价菜？
Qǐng gěi wǒ càidān. Nǐmen jīntiān yǒu shénme tèjiàcài?
メニューをください。今日のサービス料理は何ですか。

服务员　我们今天的特价菜是麻婆豆腐和糖醋排骨，一道只要四十块。
Wǒmen jīntiān de tèjiàcài shì mápó dòufu hé tángcù páigǔ, yí dào zhǐ yào sìshí kuài.
今日のサービス料理はマーボー豆腐とスペアリブの甘酢あんかけです。一品40元ですよ。

客人　你们的招牌菜是什么？
Nǐmen de zhāopáicài shì shénme?
こちらの看板料理は何ですか。

服务员　我们的招牌菜是宫保鸡丁，很多客人都很喜欢。
Wǒmen de zhāopáicài shì gōngbǎo jīdīng, hěn duō kèrén dōu hěn xǐhuan.
鶏肉とカシューナッツの唐辛子炒めです。たくさんのお客様からご好評をいただいております。

客人　你们有没有素菜？
Nǐmen yǒu méiyǒu sùcài?
野菜料理はありますか。

服务员　有，素菜列在菜单的最后一页。
Yǒu, sùcài liè zài càidān de zuìhòu yí yè.
ございます。野菜料理はメニューの最後のページに載せております。

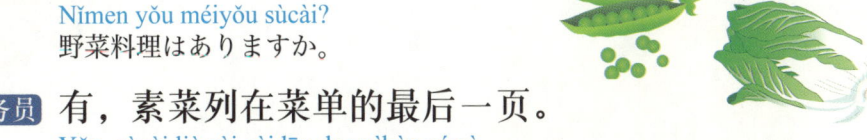

V. 结帐　　支払い

客人　服务员，买单。
Fúwùyuán, mǎidān.
お会計をお願いします。

服务员　不好意思，得请您到收银台付钱。
Bù hǎoyìsi, děi qǐng nín dào shōuyíntái fùqián.
すみませんが、レジカウンターでお支払いください。

图解词汇 单語帳

旅游纪念品
旅行のおみやげ

① 古董
gǔdǒng
n. 骨董

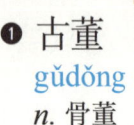

② 瓷器
cíqì
n. 磁器

③ 玉器
yùqì
n. 玉細工

④ 陶器
táoqì
n. 陶器

⑤ 花瓶
huāpíng
n. 花瓶

⑥ 木雕工艺品
mùdiāo gōngyìpǐn
n. 木彫り工芸品

⑦ 琉璃工艺品
liúlí gōngyìpǐn
n. ガラス工芸品

⑩ 刺绣
cìxiù
n. 刺繍

⑧ 旗袍
qípáo
n. チャイナドレス、チーパオ

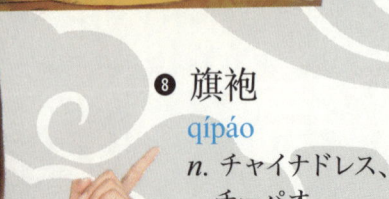

⑨ 唐装
tángzhuāng
n. チャイナ服、中華ジャケット

UNIT 5

⑪ 丝绸
sīchóu
n. シルク

⑫ 扇子
shànzi
n. 扇子

⑬ 中国茶
zhōngguóchá
n. 中国茶

⑭ 高粱酒
gāoliangjiǔ
n. コーリャン酒

⑮ 绍兴酒
shàoxīngjiǔ
n. 紹興酒

⑯ 茅台酒
máotáijiǔ
n. マオタイ酒

⑰ 毛笔
máobǐ
n. 筆

⑱ 水墨画
shuǐmòhuà
n. 水墨画

⑲ 书法
shūfǎ
n. 書

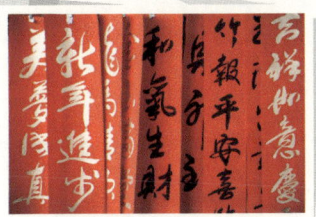

⑳ 明信片
míngxìnpiàn
n. 絵はがき

Cultural Note:

中国酒といえば、蒸留酒（白酒）の代表、コーリャン酒とマオタイ酒、そして醸造酒（黄酒）の代表、紹興酒を誰もが思い浮かべます。コーリャン酒とマオタイ酒は共にコーリャンを主原料としますが、そのほかの原料、配合、水質や醸造方法などが異なるため、違ったお酒になります。コーリャン酒は四川省産、金門島産のものが有名です。マオタイ酒は貴州省仁懐市茅台鎮の特産品です。マオタイ酒はもともと「国酒」と称されていますが、フランスのコニャック、イギリスのスコッチウィスキーと合わせて世界三大蒸留酒とも呼ばれています。紹興酒は浙江省紹興市特産の醸造酒で、精白したもち米に紹興市にある鑑湖の水を加えて作ります。調味料としても使われます。

必备句 常用フレーズ

轻松购物　買い物

店员 diànyuán 店員　　客人 kèrén 客

I. 询问特产　特産品を尋ねる

客人: 请问这里的特产是什么?
Qǐngwèn zhèlǐ de tèchǎn shì shénme?
この地方の特産品は何ですか。

店员: 我们本地最有名的特产是乌龙茶。
Wǒmen běndì zuì yǒumíng de tèchǎn shì wūlóngchá.
このあたりで最も有名なものはウーロン茶です。

II. 询问折扣　割引を尋ねる

客人: 请问现在有折扣吗?
Qǐngwèn xiànzài yǒu zhékòu ma?
割引はありますか。

店员: 现在全店打八折。
Xiànzài quán diàn dǎ bā zhé.
現在、全品20％引きです。

III. 要求试穿　試着

客人: 我可以试穿看看吗?
Wǒ kěyǐ shìchuān kànkan ma?
試着できますか。

店员: 对不起，我们的衣服不能试穿。
Duìbùqǐ, wǒmen de yīfu bù néng shìchuān.
すみません。試着はできないのです。

IV. 店员推销　おすすめ品

店员: 我们的衬衫现在买一送一。您要不要试穿看看?
Wǒmen de chènshān xiànzài mǎi yī sòng yī. Nín yào bu yào shìchuān kànkan?
シャツ1枚お買いあげで、1枚プレゼントいたします。ご試着なさいますか。

客人: 好，我想试穿这两件。
Hǎo, wǒ xiǎng shìchuān zhè liǎng jiàn.
はい。この2枚を試着したいのですが。

V. 讲价 值切り交渉

客人 我很喜欢这件裙子，可以算我便宜一点儿吗？
Wǒ hěn xǐhuan zhè jiàn qúnzi, kěyǐ suàn wǒ piányi yìdiǎnr ma?
このスカートが気に入りました。もう少し安くなりませんか。

店员 很抱歉，这已经是特价品，价格不能再低了。
Hěn bàoqiàn, zhè yǐjīng shì tèjiàpǐn, jiàgé bù néng zài dī le.
申し訳ありませんが、こちらはすでにセール価格になっています。これ以上は下げられません。

VI. 要求刷卡 カード払い

客人 可以刷卡吗？
Kěyǐ shuākǎ ma?
カードは使えますか。

店员 对不起，我们只收现金。
Duìbùqǐ, wǒmen zhǐ shōu xiànjīn.
すみません、お支払いは現金のみになります。

VII. 退换货 不良品の交换、返金

店员 这是您的收据。东西有问题的话，七天内可以退货或换货。
Zhè shì nín de shōujù. Dōngxi yǒu wèntí de huà, qī tiān nèi kěyǐ tuìhuò huò huànhuò.
こちらがレシートです。商品に問題があった場合、7日以内でしたら、ご返金または商品の交換をいたします。

客人 好，那要怎么退换货呢？
Hǎo, nà yào zěnme tuì-huànhuò ne?
わかりました。返金・交換のときはどうすればいいですか。

店员 只要带收据和您购买的东西就可以了。
Zhǐ yào dài shōujù hé nín gòumǎi de dōngxi jiù kěyǐ le.
このレシートと、お買い上げの商品をお持ちくだされば結構です。

UNIT 5

文化補充 ビジネススクール

数字与颜色 数字と色

数字のイメージ

数字は計算用の符号ではありますが、人はそこにさまざまな連想を働かせ、意味を持たせます。民族により数字のイメージは異なりますから、文化の表れともいえます。

一 1
中国では、「一」は「始まり」、あるいは「全て」をあらわします。あらゆるものは、一から生みだされたと考えているからです。また、「単独」「ひとり」の意味もあります。お香典の額を奇数とするのは二度と不幸が起こらないようにという気持ちをあらわしているのです。

二 2
結婚祝いなどのご祝儀には、偶数の金額を包みます。「二」は最小の偶数で、「一対」「繰り返し」の意味を持つので、縁起のいい数字と考えられています。

四 4
"死 sǐ"と同じ発音の"四 sì"を中国人は嫌います。ご祝儀は縁起をかついで「888元」などにすることもありますが、端数を4にすることは絶対に避けます。また、病院や旅館などは4階をつくらず、エレベーターの階数ボタンも3階から5階に飛んでいます。4という数は、災厄をもたらすとして恐れられています。

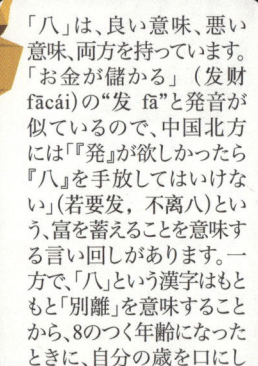

八 8
「八」は、良い意味、悪い意味、両方を持っています。「お金が儲かる」（发财 fācái）の"发 fā"と発音が似ているので、中国北方には『『発』が欲しかったら『八』を手放してはいけない」（若要发，不离八）という、富を蓄えることを意味する言い回しがあります。一方で、「八」という漢字はもともと「別離」を意味することから、8のつく年齢になったときに、自分の歳を口にしないようにする人もいます。

九 9
9は一桁の数字の中で一番大きいので、中国では「最多」の意味があります。また、時間の長いことをあらわす"久 jiǔ"と同音のため、「永遠」をあらわす数字でもあります。歴代の皇帝は自らの治世が長く続くことを願って、建物の装飾に、9個1セットのものや9を暗示するものを多用しました。

色のイメージ

中国の色は、白・青・黒・赤・黄の5色の基本色で構成されています。この5色の考え方は、中国の古典『書経（尚書）』に登場する「五行」に由来します。

白
五行では「金」、方位は西を示します。中国の伝統的な喪服は白く、葬儀は"白事"とも呼ばれていたので、白には不吉なイメージがあります。

青
五行では「木」、方位は東を示します。陶磁器の染め付けに使われる色のなかでは、最も重要な色です。

黒
五行の「水」、方位は北を示します。秦の始皇帝は黒を王朝の色とし、兵士の衣服や旗の色を黒く染めました。

赤
五行では「火」、方位は南を示します。赤は生命力、情熱、暖かさをあらわしますが、同時に、危険というイメージもあります。

黄
五行の「土」、方位は中央を示します。皇帝の色とされ、気高さと知恵の象徴です。しかし、現代では"黄色电影"（ピンク映画）などという使い方もします。

UNIT 5

UNIT 6
办公室中文
オフィスの中国語

初出勤の場に適したあいさつができれば、好印象をもってもらえ、以降のスムーズなコミュニケーションにつながります。このUnitでは、新入社員のあいさつ、自己紹介の言い回し、オフィスでよく使われる言葉、電話の応対などを学びます。「便利な言い回し」にコミュニケーションスキルの向上につながる表現も用意しています。「ビジネススクール」では、あいさつのしかた、名刺の渡し方といった基本的なビジネスマナーを紹介します。

图解词汇 単語帳

办公室环境 オフィスにあるもの

❶ 打卡机
dǎkǎjī
n. タイムレコーダ

❷ 打卡
dǎkǎ
タイムカードを押す

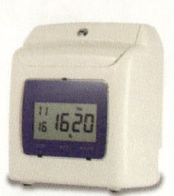

❸ 笔记本电脑
bǐjiběn diànnǎo
n. ノートパソコン

❹ 台式电脑
táishì diànnǎo
n. デスクトップパソコン

❺ 键盘
jiànpán
n. キーボード

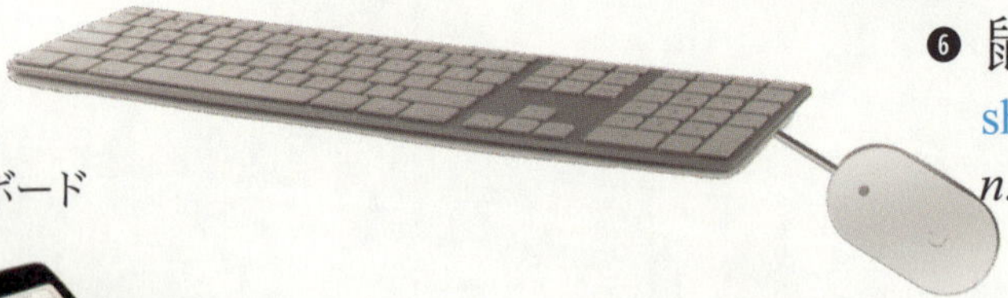

❻ 鼠标
shǔbiāo
n. マウス

❼ 电话
diànhuà
n. 電話

❾ 办公室隔断
bàngōngshì géduàn
n. パーテーション

❽ 办公桌
bàngōngzhuō
n. デスク

UNIT 6

❿ 文件夹
wénjiànjiā
n. ファイルホルダー、クリアファイル

⓫ 档案柜
dàng'ànguì
n. キャビネット

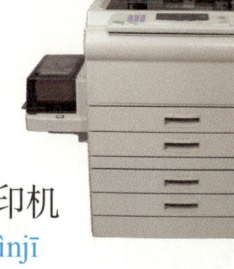

⓬ 复印机
fùyìnjī
n. コピー機

⓭ 传真机
chuánzhēnjī
n. FAX

⓮ 碎纸机
suìzhǐjī
n. シュレッダー

⓯ 会议室
huìyìshì
n. 会議室

⓰ 投影机
tóuyǐngjī
n. プロジェクター

⓱ 投影幕布
tóuyǐng mùbù
n. スクリーン

⓲ 茶水间
cháshuǐjiān
n. 休憩室

⓳ 圆珠笔
yuánzhūbǐ
n. ボールペン

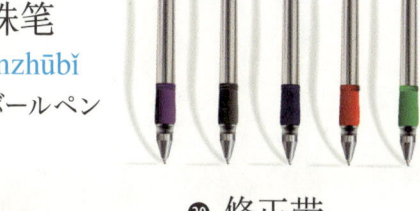

⓴ 修正带
xiūzhèngdài
n. 修正テープ

UNIT 6

37

必备句 常用フレーズ

办公室用语 オフィスで使う言葉

I 第一天上班 出勤初日

初次见面，请多多指教。
Chūcì jiànmiàn, qǐng duōduō zhǐjiào.
はじめまして。よろしくご指導ください。

我是赵怡芳，叫我怡芳就好了。
Wǒ shì Zhào Yífāng, jiào wǒ Yífāng jiù hǎo le.
私は趙怡芳です。「怡芳」と呼んでください。

II 电话应答 電話の応対

喂，LiveABC，你好。
Wéi, LiveABC, nǐ hǎo.
Live ABCでございます。

他现在离开座位了，需要留话吗？
Tā xiànzài líkāi zuòwèi le, xūyào liúhuà ma?
彼はただいま席をはずしておりますので、ご伝言いたしましょうか。

麻烦您转告他，拨分机172找业务部的吴凯立。
Máfan nín zhuǎngào tā, bō fēnjī yāo qī èr zhǎo yèwùbù de Wú Kǎilì.
すみませんが、内線172の業務部呉凱立までお電話くださいとお伝えください。

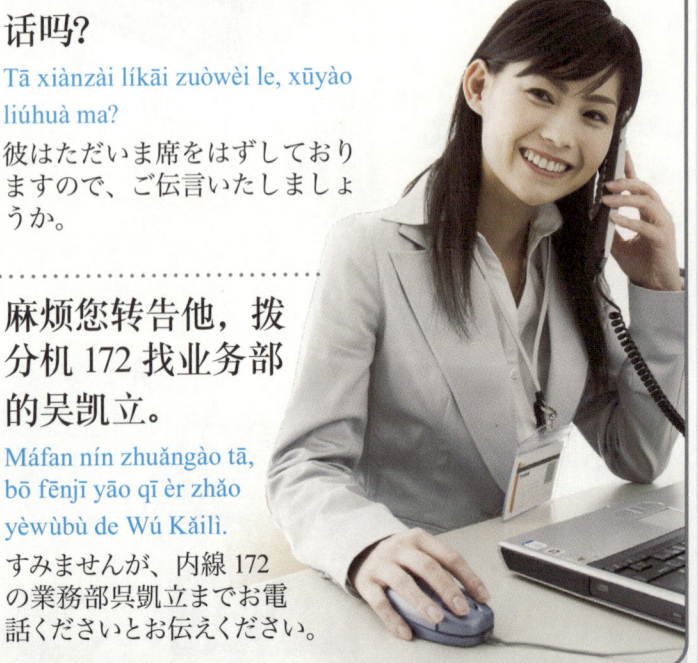

III 帮我个忙 依頼する

这件事很重要，一有消息请马上通知我。
Zhè jiàn shì hěn zhòngyào, yì yǒu xiāoxi qǐng mǎshàng tōngzhī wǒ.
これは重要なことですから、なにか連絡があったらすぐに報告してください。

明天我要请假，你可以替我做吗?
Míngtiān wǒ yào qǐngjià, nǐ kěyǐ tì wǒ zuò ma?
私は明日休むので、代わりにやってもらえませんか。

这个档案我打不开，可以请你再寄一次吗?
Zhège dàng'àn wǒ dǎ bu kāi, kěyǐ qǐng nǐ zài jì yí cì ma?
このファイルが開けないので、もう一度送ってもらえますか。

IV 同事应答 同僚との会話

大家辛苦了。
Dàjiā xīnkǔ le.
みなさんお疲れさまでした。

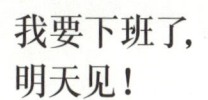

我要下班了，明天见！
Wǒ yào xiàbān le, míngtiān jiàn!
お先に失礼します。また明日。

你们先走吧，我今天得加班。
Nǐmen xiān zǒu ba, wǒ jīntiān děi jiābān.
お先にどうぞ。私は今日残業しないと。

V 工具失灵 機器のトラブル

传真机坏了。
Chuánzhēnjī huài le.
FAXが壊れました。

复印机卡纸了。
Fùyìnjī kǎ zhǐ le.
コピー機に紙が詰まりました。

＊"卡纸"は"qiǎ zhǐ"が本来の発音ですが、よく"kǎ zhǐ"と発音されます。

我的电脑死机了。
Wǒ de diànnǎo sǐjī le.
パソコンがフリーズしました。

实用会话 実用会話

职场交际 オフィスのコミュニケーション

PART 1
自我介绍
自己紹介 🎧12

新入社員歓迎会で

老 老板 lǎobǎn 社長
王 王立行 Wáng Lìxíng 王立行
张 张美华 Zhāng Měihuá 張美華
陈 陈可欣 Chén Kěxīn 陳可欣
李 李德华 Lǐ Déhuá 李德華

老： 今天我们要欢迎几个新人加入我们的行列[1]。现在请他们做一下自我[2]介绍吧。
Jīntiān wǒmen yào huānyíng jǐ ge xīnrén jiārù wǒmen de hángliè. Xiànzài qǐng tāmen zuò yíxià zìwǒ jièshào ba.

本日、我が社に新入社員が仲間入りしました。まずは自己紹介してもらいましょう。

王： 大家好，我是人事部[3]的王立行，负责人力资源[4]相关[5]的业务[6]，请多多指教[7]。
Dàjiā hǎo, wǒ shì rénshìbù de Wáng Lìxíng, fùzé rénlì zīyuán xiāngguān de yèwù, qǐng duōduō zhǐjiào.

みなさん、こんにちは。人事部の王立行です。人材活用に関する業務を担当します。よろしくご指導ください。

老： 立行，欢迎你。
Lìxíng, huānyíng nǐ.

王立行さん、ようこそ我が社へ。

单词 単語 🎧13

1. 行列 hángliè *n.* 隊列。ここでは会社のこと
2. 自我 zìwǒ *n.* 自分
3. 人事部 rénshìbù *n.* 人事部
4. 人力资源 rénlì zīyuán *n.* ヒューマン・リソース、人材活用
5. 相关 xiāngguān *v.* 関する
6. 业务 yèwù *n.* 業務
7. 指教 zhǐjiào *v.* 指導する

UNIT 6

张:	各位同事好，我是研发部[8]的张美华，大家叫我小华就可以了。我负责的业务是程序[9]编写[10]，很开心能跟大家一起工作。 Gè wèi tóngshì hǎo, wǒ shì yánfābù de Zhāng Měihuá, dàjiā jiào wǒ Xiǎo Huá jiù kěyǐ le. Wǒ fùzé de yèwù shì chéngxù biānxiě, hěn kāixīn néng gēn dàjiā yìqǐ gōngzuò.	みなさん、こんにちは。研究開発部の張美華です。「小華」と呼んでください。プログラミングの担当です。みなさんと一緒に仕事をすることになってうれしいです。
老:	美华欢迎你！下一位是可欣。 Měihuá huānyíng nǐ! Xià yí wèi shì Kěxīn.	張美華さん、歓迎するよ。次は陳可欣さん。
陈:	各位同事大家好，我是营业部[11]的陈可欣，公司的商品营销[12]就是我负责的。 Gè wèi tóngshì dàjiā hǎo, wǒ shì yíngyèbù de Chén Kěxīn, gōngsī de shāngpǐn yíngxiāo jiù shì wǒ fùzé de.	みなさん、こんにちは。営業部配属の陳可欣です。商品マーケティングが私の担当です。
老:	最后一位是德华。德华，请你跟大家做一下自我介绍吧！ Zuìhòu yí wèi shì Déhuá. Déhuá, qǐng nǐ gēn dàjiā zuò yíxià zìwǒ jièshào ba!	最後は李德華さん。みなさんに自己紹介をして。
李:	谢谢。大家好，我是财务部[13]的新人李德华，主要的工作内容[14]是管理[15]大家的请款[16]事宜[17]，如果以后大家在这部份有不清楚的地方，欢迎随时找我。 Xièxie. Dàjiā hǎo, wǒ shì cáiwùbù de xīnrén Lǐ Déhuá, zhǔyào de gōngzuò nèiróng shì guǎnlǐ dàjiā de qǐngkuǎn shìyí, rúguǒ yǐhòu dàjiā zài zhè bùfèn yǒu bù qīngchu de dìfāng, huānyíng suíshí zhǎo wǒ.	はい。みなさん、財務部の新入社員、李德華です。主にみなさんの支払申請関連業務を担当しますので、支払いに関して不明な点があったらいつでも声をかけてください。
老:	很好，欢迎四位新同事。请大家以后多照顾他们。 Hěn hǎo, huānyíng sì wèi xīn tóngshì. Qǐng dàjiā yǐhòu duō zhàogù tāmen.	4人の新人を歓迎するよ。みんな、彼らを頼んだよ。

单词 単語

8. 研发部 yánfābù n. 研究開発部
9. 程序 chéngxù n. プログラム
10. 编写 biānxiě v. 編纂する
11. 营业部 yíngyèbù n. 営業部
12. 营销 yíngxiāo n. マーケティング
13. 财务部 cáiwùbù n. 財務部、経理部
14. 工作内容 gōngzuò nèiróng n. 仕事の内容
15. 管理 guǎnlǐ v. 管理する
16. 请款 qǐngkuǎn n. 支払申請
17. 事宜 shìyí n.（手配や処理すべき）事柄、事項

实用会话 実用会話

语法 文法

■ **N 相关** N xiāngguān

"相关"は名詞のうしろについて、「～に関する」「～に関連した」などの意味をあらわします。

→ 他从事财务**相关**的工作。
　Tā cóngshì cáiwù xiāngguān de gōngzuò.
　彼は財務関連の仕事をしている。

→ 老板要我找和通路**相关**的资料。
　Lǎobǎn yào wǒ zhǎo hé tōnglù xiāngguān de zīliào.
　社長は私に経路に関する資料を探すよう命じた。

■ **就 V** jiù V

"就"は副詞で、動詞の前に置き、肯定のニュアンスを強調します。「まさに」「～こそが」というニュアンス。

→ A: 请问李小姐在吗?
　　Qǐngwèn Lǐ xiǎojiě zài ma?
　　李さんはいらっしゃいますか。

　B: 我**就**是。
　　Wǒ jiù shì.
　　私が李です。

→ 比尔盖茨**就**是微软的创办人。
　Bǐ'ěr Gàicí jiù shì wēiruǎn de chuàngbànrén.
　ビル・ゲイツこそがマイクロソフトの創始者です。

→ 虽然有些人不喜欢苦瓜，但我**就**喜欢那个苦苦的味道。
　Suīrán yǒuxiē rén bù xǐhuan kǔguā, dàn wǒ jiù xǐhuan nàge kǔkǔ de wèidào.
　ゴーヤを嫌いな人もいるけれど、私はあの苦みが好きです。

■ **随 N** suí N

"随"にはもともと「従う」あるいは「任せる」という意味があります。後ろにつく名詞によって単語の意味が変わり、"随"は人やものに任せて、あるいは気持ちに添って(行動する)というニュアンスを付け加える感じになります。例えば、"随时"は「時間に添って」ということから、「常に」「いつでも」の意味になり、"随手"は「ついでに」になります。"随口"は「口に従って」、つまり「考えずに話す」という意味になり、"随身"は「身につける」「身辺に置く」という意味になります。

→ 请你离开房间的时候，**随**手把门关上。
　Qǐng nǐ líkāi fángjiān de shíhou, suíshǒu bǎ mén guānshàng.
　部屋を出るとき、ついでにドアを閉めてください。

→ 他只是**随**口说说，你不要相信。
　Tā zhǐ shì suíkǒu shuōshuo, nǐ bú yào xiāngxìn.
　彼は口からでまかせだから、信じることないよ。

→ 我的老板总是**随**身带着笔记本电脑。
　Wǒ de lǎobǎn zǒngshì suíshēn dàizhe bǐjìběn diànnǎo.
　社長はいつでもノートパソコンを持ち歩いている。

PART 2
欢迎新伙伴

新しい同僚 🎧 14

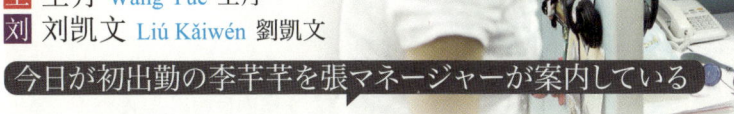

张	张经理 Zhāng jīnglǐ 張マネージャー
李	李芊芊 Lǐ Qiānqiān 李芊芊
王	王月 Wáng Yuè 王月
刘	刘凯文 Liú Kǎiwén 劉凱文

今日が初出勤の李芊芊を張マネージャーが案内している

张: 各位同仁¹，给你们介绍一下，这是我们的新伙伴²李芊芊。
Gè wèi tóngrén, gěi nǐmen jièshào yíxià, zhè shì wǒmen de xīn huǒbàn Lǐ Qiānqiān.

みなさん、紹介しよう。新しく入った李芊芊さんだ。

李: 大家好。我是业务部李芊芊，今天是我第一天上班，请大家多多指教³。
Dàjiā hǎo. Wǒ shì yèwùbù Lǐ Qiānqiān, jīntiān shì wǒ dì-yī tiān shàngbān, qǐng dàjiā duōduō zhǐjiào.

こんにちは。業務部の李芊芊です。今日が初出勤です。みなさんご指導よろしくお願いします。

张: 芊芊，这是市场部⁴的王月，往后⁵你会有很多机会⁶跟她合作⁷。
Qiānqiān, zhè shì shìchǎngbù de Wáng Yuè, wǎnghòu nǐ huì yǒu hěn duō jīhuì gēn tā hézuò.

李さん、こちらはマーケティング部の王月さん。今後、一緒に仕事をする機会が多くなると思う。

李: 你好。我对市场方面还不熟，请多多指教。
Nǐ hǎo. Wǒ duì shìchǎng fāngmiàn hái bù shú, qǐng duōduō zhǐjiào.

はい。マーケティングのことは詳しくないので、いろいろ教えてください。

王: 当然没问题。也请你多多指教。
Dāngrán méi wèntí. Yě qǐng nǐ duōduō zhǐjiào.

わかりました。こちらこそ、よろしくお願いします。

单词　単語 🎧 15

1. **同仁** tóngrén *n.* 同僚（社員同士では"同事 tóngshì"を使うことが多い）
2. **伙伴** huǒbàn *n.* 同僚、仲間、パートナー
3. **指教** zhǐjiào *v.* 教えを請う
4. **市场部** shìchǎngbù *n.* マーケティング部
5. **往后** wǎnghòu *n.* 今後
6. **机会** jīhuì *n.* 機会
7. **合作** hézuò *v.* 一緒に仕事をする、協力する

实用会话 実用会話

张:	这是刘凯文，他负责人事。你要请假[8]、销假[9]什么的，都要找这位帅哥[10]。 Zhè shì Liú Kǎiwén, tā fùzé rénshì. Nǐ yào qǐngjià, xiāojià shénme de, dōu yào zhǎo zhè wèi shuàigē.	こちらは人事担当の劉凱文さん。休みを取るとか休暇を切り上げるとか、そういったことはこのイケメンに言いなさい。
李:	凯文你好。 Kǎiwén nǐ hǎo.	劉さん、よろしくお願いします。
刘:	叫我Kevin就好。 Jiào wǒ Kevin jiù hǎo.	ケヴィンと呼んでください。
张:	Kevin, 你现在有空吧? 带芊芊去熟悉[11]一下环境[12]。 Kevin, nǐ xiànzài yǒu kòng ba? Dài Qiānqiān qù shúxī yíxià huánjìng.	ケヴィン、今時間あるかい? 芊芊さんを案内してほしいんだ。

ケヴィンが李芊芊にオフィスの説明をしている

刘:	这里是广告部[13]、那里是研发部。旁边是茶水间，你的后面是会议室，这间是经理办公室……。 Zhèlǐ shì guǎnggàobù、nàlǐ shì yánfābù. Pángbiān shì cháshuǐjiān, nǐ de hòumian shì huìyìshì, zhè jiān shì jīnglǐ bàngōngshì….	ここは広告部で、向こうが研究開発部。その隣が休憩室で、君の後ろは会議室、その部屋はマネージャーのオフィス……。
刘:	还有其他[14]想了解的吗? Hái yǒu qítā xiǎng liǎojiě de ma?	ほかに知りたいことはある?
李:	现在没有，刚才[15]说的都还没记住呢! Xiànzài méiyǒu, gāngcái shuō de dōu hái méi jìzhù ne!	ありません。今教わったことも覚えられないですから。

单词 単語

8. 请假 qǐngjià 休暇を取る
9. 销假 xiāojià 休暇が終わって仕事に戻る
10. 帅哥 shuàigē *n.* かっこいい若い男性
11. 熟悉 shúxī *v.* よく知っている
12. 环境 huánjìng *n.* 環境
13. 广告部 guǎnggàobù *n.* 広告部
14. 其它 qítā *pron.* その他
15. 刚才 gāngcái *n.* たった今

语法 文法

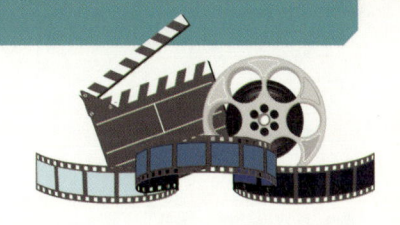

■ **往后** wǎnghòu

"往后"は未来のことについて述べる場合に使います。2番目の例文のように、"往后"の後ろに期間をあらわす語を加え、その状態がどれくらい続くかを示すことができます。

→ 从明天开始我得加班一个月，往后晚上可能都没有时间看电影了。
  Cóng míngtiān kāishǐ wǒ děi jiābān yí ge yuè, wǎnghòu wǎnshang kěnéng dōu méiyǒu shíjiān kàn diànyǐng le.
  明日から1か月残業しなければいけないから、これからは夜に映画を見に行く時間がなくなるよ。

→ 副总去日本参展了，往后的一个礼拜只能用电话跟他联络。
  Fùzǒng qù Rìběn cānzhǎn le, wǎnghòu de yí ge lǐbài zhǐ néng yòng diànhuà gēn tā liánluò.
  副社長は展示会出展のため日本に行ってしまったから、今後1週間は電話でしか連絡が取れない。

■ **什么的** shénme de

例をいくつか挙げたあとの"什么的"は、「など」の意味をあらわします。例示するものの前に"像"をつけて"像～什么的"というフレーズにすることもあります。

→ 我的爱好是运动，游泳、慢跑、打篮球什么的，我都喜欢。
  Wǒ de àihào shì yùndòng, yóuyǒng, mànpǎo, dǎ lánqiú shénme de, wǒ dōu xǐhuan.
  私の趣味はスポーツです。水泳、ジョギング、バスケットボールなど、みんな好きです。

→ 我们公司卖的是3C相关的产品，像鼠标、键盘、音箱什么的。
  Wǒmen gōngsī mài de shì 3C xiāngguān de chǎnpǐn, xiàng shǔbiāo, jiànpán, yīnxiāng shénme de.
  我が社はマウス、キーボード、スピーカーなどの3C関連商品を販売しています。

※「3C」とはComputer（コンピューター、パソコン）、Communication（通信機器）、Consumer Electronics（電子機器）の頭文字を取ったものです。

■ **其他** qítā

「その他の」「ほかの」。後ろにくる名詞は重複を避けて省略されます。

→ 我会的外语不多，除了英文，其他的(外语)都不会。
  Wǒ huì de wàiyǔ bù duō, chúle Yīngwén, qítā de (wàiyǔ) dōu bú huì.
  外国語はあまりできません。英語以外の言語は話せません。

→ 你只要写这份报告就好了，其他的(事)都交给我吧。
  Nǐ zhǐ yào xiě zhè fèn bàogào jiù hǎo le, qítā de (shì) dōu jiāogěi wǒ ba.
  君はこのレポートだけ書いてくれればいいよ。ほかのことは全部私にまかせて。

实用会话 実用会話

PART 3
代接电话
電話を受ける 🎧 16

電話で 朱 朱小美 Zhū Xiǎoměi 朱小美　　林 林正先 Lín Zhèngxiān 林正先

朱:	喂。你好，我是小美，彦廷现在不在。 Wéi. Nǐ hǎo, wǒ shì Xiǎoměi, Yàntíng xiànzài bú zài.	もしもし。小美です。彦廷は席をはずしています。
林:	请问你知道他去哪里了吗? Qǐngwèn nǐ zhīdào tā qù nǎli le ma?	彼がどこにいるかご存じですか。
朱:	他去开会¹了。大概²离开³了三十分钟左右⁴。 Tā qù kāihuì le. Dàgài líkāile sānshí fēnzhōng zuǒyòu.	会議中なんです。もう30分ぐらいになるかしら。
林:	请问他什么时候回来? Qǐngwèn tā shénme shíhou huílái?	いつ戻るでしょうか。
朱:	有什么要紧⁵的事吗? Yǒu shénme yàojǐn de shì ma?	なにかお急ぎのご用件ですか。

单词　単語　🎧 17

1. 开会 kāihuì 会議を開く
2. 大概 dàgài adv. だいたい
3. 离开 líkāi v. 離れる
4. 左右 zuǒyòu n. 〜ぐらい
5. 要紧 yàojǐn adj. 重要だ、大切だ、急ぐ

UNIT 6

林:	我有急事[6]找他，你能不能帮我转告[7]他？	急いで連絡を取りたいんです。伝言をお願いしてもいいですか。
	Wǒ yǒu jíshì zhǎo tā, nǐ néng bu néng bāng wǒ zhuǎngào tā?	
朱:	没问题，请说。	わかりました。どうぞ。
	Méiwèntí, qǐng shuō.	
林:	麻烦[8]你等他回来以后，请他给我打个电话，我的分机号[9]是806，我是林正先。	すみませんが、戻り次第電話をくださいとお伝えください。こちらの内線番号は806、林正先です。
	Máfan nǐ děng tā huílái yǐhòu, qǐng tā gěi wǒ dǎ ge diànhuà, wǒ de fēnjīhào shì bā líng liù, wǒ shì Lín Zhèngxiān.	

单词　単語

6. 急事 jíshì *n.* 急用
7. 转告 zhuǎngào *v.* 伝言する
8. 麻烦 máfan *v.* 面倒をかける
9. 分机号 fēnjīhào *n.* 内線番号

Extra Information　プラスα

電話で伝言を受けるときの言い方を紹介しましょう。
（○○には人名が入ります）

❶ ○○ 有事外出了，我让他等一下回拨电话给您，好吗？
○○ yǒu shì wàichū le, wǒ ràng tā děng yíxià huíbō diànhuà gěi nín, hǎo ma?
○○は、所用で出かけております。のちほど折り返しお電話するように伝えましょうか。

❷ 请问您是哪位？等 ○○ 回来以后，我会转告他您来过电话。
Qǐngwèn nín shì nǎ wèi? Děng ○○ huílái yǐhòu, wǒ huì zhuǎngào tā nín láiguò diànhuà.
お名前をうかがえますか。○○が戻りましたら、お電話があったことをお伝えいたします。

❸ 不好意思，○○ 现在离开座位了，请您留下您的联络方式，我会转告他。
Bù hǎoyìsi, ○○ xiànzài líkāi zuòwèi le, qǐng nín liúxià nín de liánluò fāngshì, wǒ huì zhuǎngào tā.
申し訳ありません。○○はただいま席をはずしております。ご連絡方法をお知らせいただければ、お伝えいたします。

UNIT 6

实用会话 実用会話

语法 文法

■ 左右 zuǒyòu

"左右"は「左右」「両側」の意味もありますが、数詞の後ろにつくと概数をあらわします。

→ 校门左右有几棵樱花树。
Xiàomén zuǒyòu yǒu jǐ kē yīnghuā shù.
校門の両側に桜の木が何本かあります。

→ 我们部门今天花了两个小时左右的时间开会。
Wǒmen bùmén jīntiān huāle liǎng ge xiǎoshí zuǒyòu de shíjiān kāihuì.
我々の部署は今日、2時間ぐらい会議をした。

■ 有什么～的 N 吗? yǒu shénme ~ de N ma?

この構文は"有～吗?"フレーズの間に"什么～的N"がはさまっていると考えると、N（名詞）の状態を聞いていることが分かります。したがって答えるときは"有～"の形を用います。

→ A: 你去台湾旅游，有什么好玩的事吗?
Nǐ qù Táiwān lǚyóu, yǒu shénme hǎowán de shì ma?
台湾に旅行に行って、何か楽しいことはあった？

B: 有很多好玩的事，我吃到很多美食，也遇到很多友善的人。
Yǒu hěn duō hǎowán de shì, wǒ chīdào hěn duō měishí, yě yùdào hěn duō yǒushàn de rén.
たくさんありました。おいしいものをたくさん食べて、親切な人にいっぱい出会いました。

→ A: 你请他吃饭有什么特别的目的吗?
Nǐ qǐng tā chīfàn yǒu shénme tèbié de mùdì ma?
あなたが彼におごるのは、なにか特別な目的があるの？

B: 我有一些关于工作的问题想请教他。
Wǒ yǒu yìxiē guānyú gōngzuò de wèntí xiǎng qǐngjiào tā.
仕事のことで、ちょっと教えて欲しいことがあるんだよ。

■ V (一) 个 O V (yí) ge O

"(一)个"が動詞と目的語の間にあるとき、"个"は軽声で発音し、通常、"一"は省略します。「ちょっと～する」という軽い感じを出します。

→ 可不可以请你帮我带个话，告诉他总经理在找他。
Kě bu kěyǐ qǐng nǐ bāng wǒ dài ge huà, gàosu tā zǒngjīnglǐ zài zhǎo tā.
伝言をあずかってもらえませんか。社長が彼を探していると伝えてください。

→ 听说老板急着找你，你要不要先给公司打个电话?
Tīngshuō lǎobǎn jízhe zhǎo nǐ, nǐ yào bu yào xiān gěi gōngsī dǎ ge diànhuà?
社長があなたを探しているって。とにかく会社に電話したら。

单词补充 補充単語

常见职级 社内の役職・肩書き

❶ 总裁 zǒngcái
n. 総裁

❷ 副总裁 fù zǒngcái
n. 副総裁

❸ 董事长 dǒngshìzhǎng
n. 董事長

❹ 总经理 zǒngjīnglǐ
n. 総経理

❺ 副总经理 fù zǒngjīnglǐ
n. 副総経理

❻ 秘书 mìshū
n. 秘書

❼ 特别助理 tèbié zhùlǐ
n. 特別補佐

❽ 经理 jīnglǐ
n. マネージャー

❾ 副经理 fùjīnglǐ
n. サブマネージャー

❿ 部长 bùzhǎng
n. 部長

⓫ 处长 chùzhǎng
n. 所長

⓬ 资深专员 zīshēn zhuānyuán
n. ベテラン専門スタッフ

⓭ 专员 zhuānyuán
n. 専門スタッフ

⓮ 助理 zhùlǐ
n. アシスタント

⓯ 厂长 chǎngzhǎng
n. 工場長

⓰ 领班 lǐngbān
n. 班長

⓱ 作业员 zuòyèyuán
n. 作業員

⓲ 工读生 gōngdúshēng
n. 学生アルバイト

⓳ 钟点工 zhōngdiǎngōng
n. アルバイト

⓴ 派遣人员 pàiqiǎn rényuán
n. 派遣社員

メモ：中国語の役職や肩書きを、日本のものに置き換えて訳したとしても、職分が異なったりして、かえって誤解や混乱を招く場合がありますので、"董事长"→「董事長（とうじちょう）」のように、日本語の文字・読みにするだけというのが無難です。反対に、日本語の「社長」や「会長」も"社长 shèzhǎng""会长 huìzhǎng"で通じます。

UNIT 6

职击现场 実践編

认识环境 社内を案内する 🔊19

刘 刘雪俐 Liú Xuělì 劉雪俐
张 张美华 Zhāng Měihuá 張美華
王 王立行 Wáng Lìxíng 王立行

UNIT 6

刘：刚刚介绍完公司的人事规章¹，不知道大家有没有什么问题？
Gānggāng jièshàowán gōngsī de rénshì guīzhāng, bù zhīdào dàjiā yǒu méiyǒu shénme wèntí?

▶ 首を横に振る新入社員

刘：如果大家都没有问题的话，接下来我要带大家熟悉一下办公室和工厂²的环境。十分钟后在这间会议室门口集合³。
Rúguǒ dàjiā dōu méiyǒu wèntí de huà, jiē xiàlái wǒ yào dài dàjiā shúxi yíxià bàngōngshì hé gōngchǎng de huánjìng. Shí fēnzhōng hòu zài zhè jiān huìyìshì ménkǒu jíhé.

▶ 10分後

刘：首先⁴我们看到的是营业部、市场部和产品管理部。因为这三个部门⁵的合作非常密切⁶，所以办公桌被安排⁷在一起。
Shǒuxiān wǒmen kàndào de shì yíngyèbù, shìchǎngbù hé chǎnpǐn guǎnlǐbù. Yīnwèi zhè sān ge bùmén de hézuò fēicháng mìqiè, suǒyǐ bàngōngzhuō bèi ānpái zài yìqǐ.

刘: 我们继续往前走，这里是采购[8]部门，负责跟下游[9]厂商[10]杀价[11]，所以每个人都是杀价高手[12]；旁边的小房间是我们的客户服务部[13]，他们除了要接受客户的产品咨询[14]，还要为公司打电话开发[15]新客户。
Wǒmen jìxù wǎng qián zǒu, zhèlǐ shì cǎigòu bùmén, fùzé gēn xiàyóu chǎngshāng shājià, suǒyǐ měi ge rén dōu shì shājià gāoshǒu; pángbiān de xiǎo fángjiān shì wǒmen de kèhù fúwùbù, tāmen chúle yào jiēshòu kèhù de chǎnpǐn zīxún, hái yào wèi gōngsī dǎ diànhuà kāifā xīn kèhù.

刘: 办公室角落[16]的房间是财务部门，相信往后你们会常常需要来这里报销[17]或申请零用金[18]什么的。财务部门的旁边就是人事部门，如果你们有请假或福利[19]方面的问题，都可以问我们的专员小马。
Bàngōngshì jiǎoluò de fángjiān shì cáiwù bùmén, xiāngxìn wǎnghòu nǐmen huì chángcháng xūyào lái zhèlǐ bàoxiāo huò shēnqǐng língyòngjīn shénme de. Cáiwù bùmén de pángbiān jiù shì rénshì bùmén, rúguǒ nǐmen yǒu qǐngjià huò fúlì fāngmiàn de wèntí, dōu kěyǐ wèn wǒmen de zhuānyuán Xiǎo Mǎ.

王: 请问公司有没有员工食堂呢？
Qǐngwèn gōngsī yǒu méiyǒu yuángōng shítáng ne?

刘: 有的。我们去工厂的途中会经过。
Yǒu de. Wǒmen qù gōngchǎng de tú zhōng huì jīngguò.

劉雪俐と新入社員たちは社員食堂についた

刘: 这里就是员工食堂，每天提供不同菜色[20]的自助餐[21]，也给吃素的同事提供素食[22]。
Zhèlǐ jiù shì yuángōng shítáng, měi tiān tígōng bù tóng càisè de zìzhùcān, yě gěi chī sù de tóngshì tígōng sùshí.

张: 太好了。我吃素，这样对我来说真太方便了。
Tài hǎo le. Wǒ chī sù, zhèyàng duì wǒ lái shuō zhēn tài fāngbiàn le.

刘: 没错！顺便[23]跟大家宣布一下，因为今天是大家来公司上班的第一天，所以公司给大家提供了五十元餐券[24]。接下来，我们要去下一层楼的设计研发中心，以及[25]工厂和仓库[26]。
Méi cuò! Shùnbiàn gēn dàjiā xuānbù yíxià, yīnwèi jīntiān shì dàjiā lái gōngsī shàngbān de dì-yī tiān, suǒyǐ gōngsī gěi dàjiā tígōngle wǔshí yuán cānquàn. Jiē xiàlái, wǒmen yào qù xià yì céng lóu de shèjì yánfā zhōngxīn, yǐjí gōngchǎng hé cāngkù.

职击现场 実践編

日文翻译　日本語訳

刘 これで人事規則の説明は終わりです。わからないところはありますか。

刘 質問がないようなので、このあとは、社内と工場を案内します。10分後にこの会議室の入口に集合してください。

刘 まずは、営業部、マーケティング部、製品管理部です。この3つの部署は仕事上の結びつきが強いので、デスクをまとめて配置しています。

刘 そのまま前に進みます。ここが仕入れ部門です。川下のメーカーとの価格交渉を担当しています。みんな価格交渉の達人です。隣の小部屋は顧客サービス部です。製品に関する問い合わせを受け付けるだけでなく、電話による新規顧客の開拓も行っています。

刘 角の部屋が財務部です。経費の精算や小口現金の申請などで今後みなさんもお世話になると思います。財務部のとなりが人事部です。例えば休暇の申請とか、福利厚生に関する問い合わせなどは、専任の馬さんに聞けばわかります。

王 社員食堂はありますか。

刘 ありますよ。工場に行く途中のところです。

刘 ここが社員食堂です。毎日、ビュッフェスタイルでいろんな料理を提供しています。ベジタリアン向けのメニューもあります。

张 よかった。私はベジタリアンだから、こういうのは私にとってすごくありがたいです。

刘 そうですね。ついでにお伝えします。みなさん今日が初出勤ということで、会社から50元分の食券を支給します。引き続き、1フロア下のデザイン研究開発センターに行き、それから工場と倉庫に向かいます。

単词　単語

1. 规章 guīzhāng n. 規則
2. 工厂 gōngchǎng n. 工場
3. 集合 jíhé v. 集まる
4. 首先 shǒuxiān adv. まず
5. 部门 bùmén n. 部署
6. 密切 mìqiè adj. 密接な
7. 安排 ānpái v. 手配する、配置する
8. 采购 cǎigòu v. 買い付ける
9. 下游 xiàyóu n. 川下
10. 厂商 chǎngshāng n. メーカー
11. 杀价 shājià 強く値切る
12. 高手 gāoshǒu n. 名手
13. 客户服务部 kèhù fúwùbù n. 顧客サービス部
14. 咨询 zīxún v. 諮問する、相談する
15. 开发 kāifā v. 開発する
16. 角落 jiǎoluò n. 角、隅
17. 报销 bàoxiāo v. 経費を精算する
18. 零用金 língyòngjīn n. 小口現金
19. 福利 fúlì n. 福利厚生
20. 菜色 càisè n. メニュー
21. 自助餐 zìzhùcān n. バイキング
22. 素食 sùshí n. 精進料理
23. 顺便 shùnbiàn adv. ついでに
24. 餐券 cānquàn n. 食券
25. 以及 yǐjí conj. 及び
26. 仓库 cāngkù n. 倉庫

语法　文法

■ **除了～（还～）** chúle ~ (hái ~)

"除了"は介詞で、後ろには既知の事柄が置かれます。通常、"还""也"で受けて情報を追加します。

→ 玲玲**除了**喜欢古典音乐，**也**喜欢爵士音乐。
　Línglíng chúle xǐhuan gǔdiǎn yīnyuè, yě xǐhuan juéshì yīnyuè.
　玲玲はクラシックのほかに、ジャズも好きだ。

→ 我今天**除了**得开三个会，**还**得向主管提交市场调查报告。
　Wǒ jīntiān chúle děi kāi sān ge huì, hái děi xiàng zhǔguǎn tíjiāo shìchǎng diàochá bàogào.
　今日は会議が3つあり、さらに市場調査報告書も担当者に提出しなければならない。

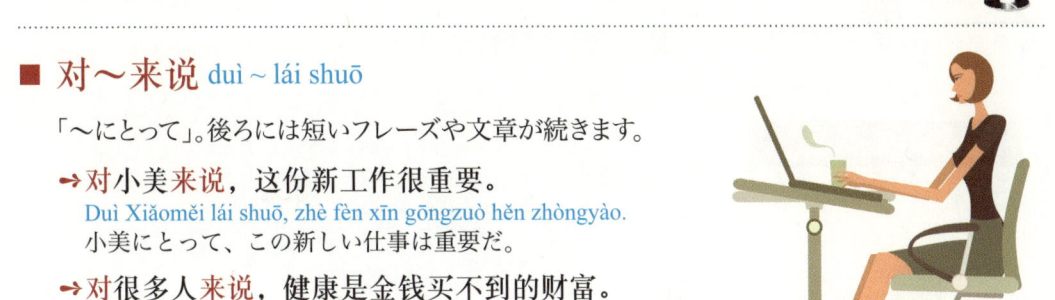

■ **对～来说** duì ~ lái shuō

「～にとって」。後ろには短いフレーズや文章が続きます。

→ **对**小美**来说**，这份新工作很重要。
　Duì Xiǎoměi lái shuō, zhè fèn xīn gōngzuò hěn zhòngyào.
　小美にとって、この新しい仕事は重要だ。

→ **对**很多人**来说**，健康是金钱买不到的财富。
　Duì hěn duō rén lái shuō, jiànkāng shì jīnqián mǎi bu dào de cáifù.
　多くの人にとって、健康はお金では買えない財産だ。

■ **以及** yǐjí

"以及"は書きことばで多く使われます。名詞や動詞、フレーズ、文をつなぐ接続詞です。"以及"のあとは、さほど重要ではない、追加情報の場合もあります。

→ 我们公司所卖的产品包括复印机、传真机**以及**相关零件。
　Wǒmen gōngsī suǒ mài de chǎnpǐn bāokuò fùyìnjī, chuánzhēnjī yǐjí xiāngguān língjiàn.
　我が社の取扱商品はコピー機、FAXとその部品です。

→ 我今天有两个重要的会议，还得交一份市场调查报告**以及**一份新闻稿。
　Wǒ jīntiān yǒu liǎng ge zhòngyào de huìyì, hái děi jiāo yí fèn shìchǎng diàochá bàogào yǐjí yí fèn xīnwéngǎo.
　今日は重要な会議が2つあります。それから市場調査報告とニュース原稿も提出しなければなりません。

UNIT 6

职击现场 実践編

进阶技巧 便利な言い回し

🎧 21

会社内でのコミュニケーション能力アップに役立つ表現をあつめました。

1. 初対面のあいさつ

❶ **我是新来的张明志，请多多包涵。**
Wǒ shì xīn lái de Zhāng Míngzhì, qǐng duōduō bāohán.
新入社員の張明志です。よろしくお願いします。

❷ **我是新来的张明志，请多多关照。**
Wǒ shì xīn lái de Zhāng Míngzhì, qǐng duōduō guānzhào.
新入社員の張明志です。どうぞよろしくお願いいたします。

❸ **我是新来的张明志，请不吝指教。**
Wǒ shì xīn lái de Zhāng Míngzhì, qǐng bú lìn zhǐjiào.
新入社員の張明志です。よろしくご指導ください。

2. 会話のきっかけ

❶ **你在哪个部门工作？**
Nǐ zài nǎge bùmén gōngzuò?
どちらの部署ですか。

❷ **你在这里工作很久了吗？**
Nǐ zài zhèli gōngzuò hěn jiǔ le ma?
ここでのお仕事は長いのですか。

❸ **中午要不要一起去吃饭？**
Zhōngwǔ yào bu yào yìqǐ qù chīfàn?
お昼を一緒に行きませんか。

3. 手伝って欲しいとき

❶ **你可以帮我一个忙吗？**
Nǐ kěyǐ bāng wǒ yí ge máng ma?
ちょっと手を貸してもらえませんか。

❷ **你能不能帮助我～？**
Nǐ néng bu néng bāngzhù wǒ~ ?
××の件で、助けてもらえませんか。

❸ **你可以示范怎么～吗？**
Nǐ kěyǐ shìfàn zěnme~ma?
××についてお手本を見せていただけませんか。

UNIT 6

文化补充　ビジネススクール

打招呼与
交换名片

あいさつと名刺交換

　中国の伝統的なあいさつには、「拱手（右手で左手のこぶしを軽く握り胸元で上下させる礼法）」やおじぎ、握手などがあります。初対面の場合は、双方を知っている第三者に紹介してもらうのが一般的ですが、誰もいなければ、自分から声をかけましょう。お互いの紹介が済んだら軽く握手をします。握手はその場のホスト役、年長者、目上の人、女性などから求めるものであるので、自分が客の立場であったり、目下である場合は、まずあいさつをして、相手が手を差し出すのを待ちましょう。

　男性が女性と握手をするときは、女性の指のあたりを握るようにします。若い人が年配の方と握手するとき、あるいは社会的地位に差があるような場合は、30度ぐらいおじぎをして敬意を示します。握手をするときは相手をしっかり見つめ、笑顔を心がけましょう。

　名刺交換の際に注意すべきなのは、目下の人、あるいは訪問してきた側が先に名刺を差し出すということです。名刺を渡すことで、初めて会った人に自分のことを知ってもらえますから、特にプレゼンテーションの前などに周囲に名刺を配っておくことは重要です。名刺を差し出すときは、丁寧さを心がけましょう。立ち上がり、体の正面で両手を添えて名刺を持ちます。少数民族や外国人に名刺を渡す場合は、片面が相手の理解できる文字で書かれているものがいいでしょう。

文化補充　ビジネススクール

　また、名刺を差し出すときは、"你好，我是（○○公司的）××。"（こんにちは。私は（○○社の）××です）のように、一緒に名前を名乗ります。"请多多指教"（よろしくご指導ください）、"多多关照"（よろしくお願いします）などあいさつの言葉も添えるといいでしょう。"请"と"多多指教"の間に相手の名前を入れ、"请大家多多指教。请王经理多多指教。"などのようにすると、謙虚で相手を立てている感じが強まります。

　名刺をもらったらすみずみまで読み、相手を大事に思っていることをアピールします。読めない字があったら、"请问您的名字怎么念？"（お名前は何とお読みしますか）など丁寧に尋ねましょう。また、名刺を受け取ったときには、お礼をいい、相手のあいさつを繰り返したりします。黙っているのは失礼です。こちらからも名刺を渡す必要があるときは、相手の名刺をよく見て、きちんとしまってから、改めて渡すようにします。受け取ってすぐに自分の名刺を出すのはよくありません。

　立ったまま話を続ける場合は、相手の名刺を胸のあたりで持ちます。座る場合は、視線の届く範囲に置くようにします。一度に多くの人と名刺交換をしたら、相手を間違えないように、座っている順番に名刺を並べます。

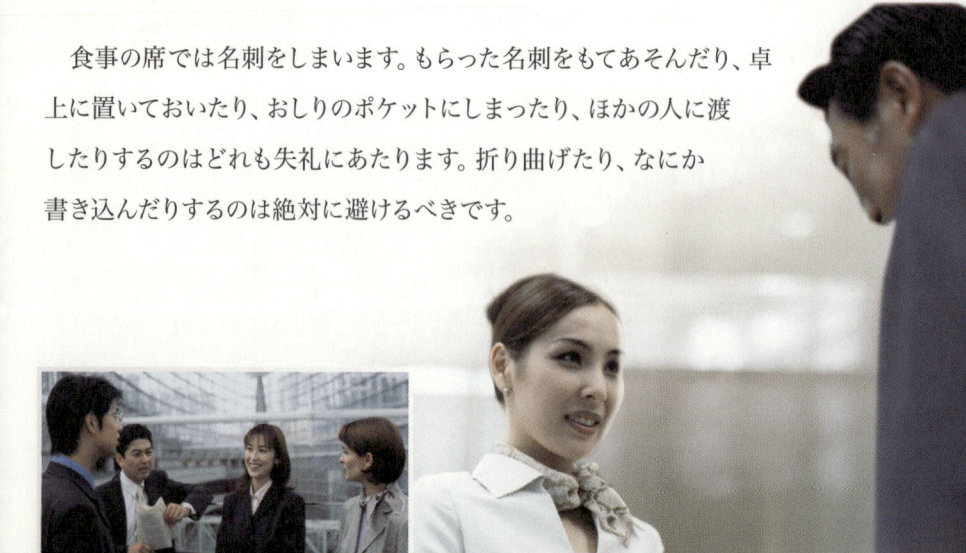

　食事の席では名刺をしまいます。もらった名刺をもてあそんだり、卓上に置いておいたり、おしりのポケットにしまったり、ほかの人に渡したりするのはどれも失礼にあたります。折り曲げたり、なにか書き込んだりするのは絶対に避けるべきです。

UNIT 7
会议与报告

会議と報告

仕事に会議はつきものです。いかに見やすい報告書を作るか、どのように周囲に自分の成長を示し、「できる人」というイメージをつくるか、サラリーマンなら常に考えていることでしょう。この Unit では、ある会議の場面を設定し、会議でよく使われる語句やフレーズを学びます。各種のグラフに関する単語や表現も用意しました。「ビジネススクール」では、中国の職場において避けるべき話題を取り上げています。

图解词汇 単語帳

简报图表和用语 グラフに関する用語 22

❶ 折线图 zhéxiàntú *n.* 折れ線グラフ

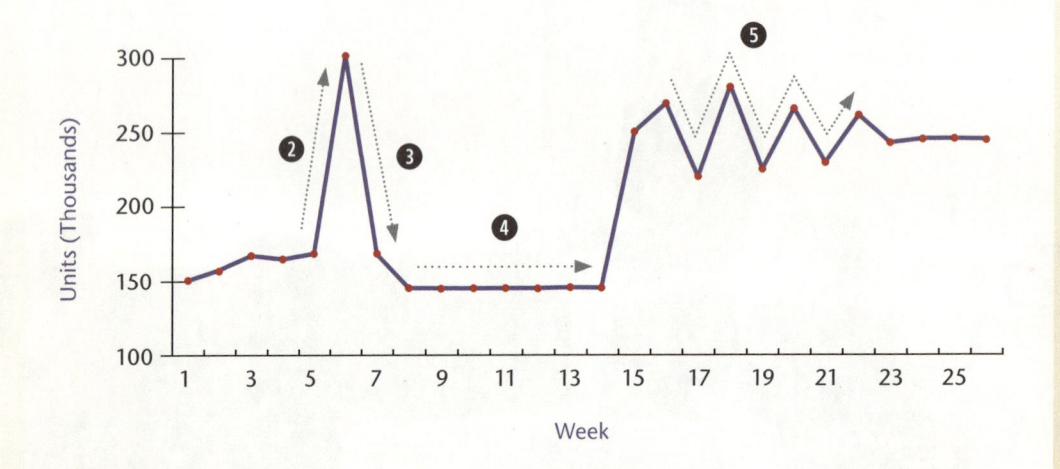

❷ 折线上升 zhéxiàn shàngshēng
v. 上昇する

❸ 折线下滑 zhéxiàn xiàhuá
v. 下降する

❹ 折线持平 zhéxiàn chípíng
v. 維持する

❺ 折线波动 zhéxiàn bōdòng
v. 乱高下する

UNIT 7

❻ 柱形图 zhùxíngtú *n.* 棒グラフ

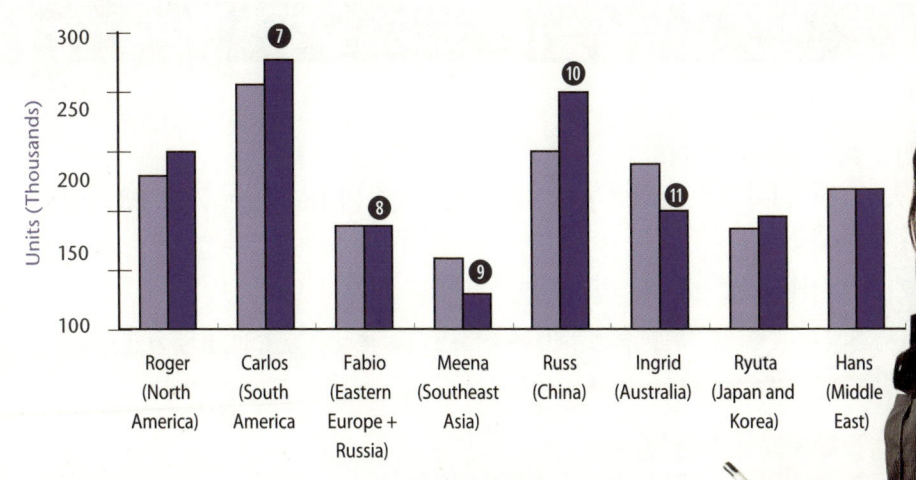

❼ 领先者 lǐngxiānzhě
n. 業績トップの人

❽ 持平者 chípíngzhě
n. 業績が横ばいの人

❾ 落后者 luòhòuzhě
n. 業績が悪い人

❿ 增加 zēngjiā
v. 増加する

⓫ 减少 jiǎnshǎo
v. 減少する

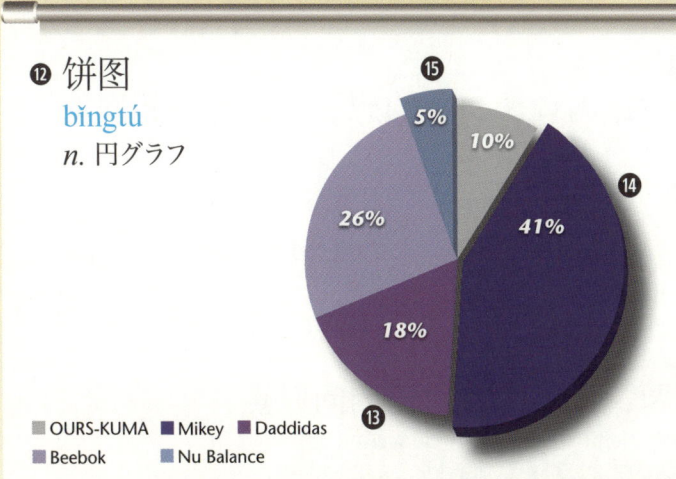

⓬ 饼图
bǐngtú
n. 円グラフ

⓭ 市场占有率
shìchǎng zhànyǒulǜ
n. 市場占有率

⓮ 最大比例
zuì dà bǐlì
n. 最大比率の割合

⓯ 最小比例
zuì xiǎo bǐlì
n. 最小比率の割合

必备句 常用フレーズ

报告这样说 報告の具体例

I. 主持会议　会議の司会

❶ 说明主题・議題の説明
今天会议的主题是新品上市，我们将讨论下一季度商品的营销策略。
Jīntiān huìyì de zhǔtí shì xīn pǐn shàngshì, wǒmen jiāng tǎolùn xià yí jìdù shāngpǐn de yíngxiāo cèlüè.
本日の会議テーマは、新製品の市場投入についてです。次の四半期の商品マーケティングプランについて議論します。

---

❷ 开启新议题・新しい議題
接下来我想讨论开发部门明年的预算。
Jiē xiàlái wǒ xiǎng tǎolùn kāifā bùmén míngnián de yùsuàn.
続いて、来年の開発部門の予算について話し合いたいと思います。

---

❸ 进一步说明・説明を付け加える
您可能误会了，我的意思是"降低开发成本，增加广告预算"。
Nín kěnéng wùhuì le, wǒ de yìsi shì "jiàngdī kāifā chéngběn, zēngjiā guǎnggào yùsuàn."
誤解されているようです。私が言いたいのは「開発のコストを下げて、広告予算を増やす」ということです。

---

❹ 表达相反立场・反対意見の表明
对不起，我不太同意您的说法。我的想法是，维持相同的策略比较好。
Duìbuqǐ, wǒ bú tài tóngyì nín de shuōfa. Wǒ de xiǎngfǎ shì, wéichí xiāngtóng de cèlüè bǐjiào hǎo.
すみませんが、あなたの意見には賛成できません。私は現在のやり方を続けるほうがよいと思います。

---

❺ 交换意见・ディスカッション
请大家针对会议主题，提出需要讨论的问题点。
Qǐng dàjiā zhēnduì huìyì zhǔtí, tíchū xūyào tǎolùn de wèntídiǎn.
本日のテーマに関して、議論すべき問題をあげてください。

UNIT 7

II. 進行报告　報告を行う

❶ 说明报告的主题・報告テーマの説明

我的报告是关于生产成本的预算，等一下将用图表为大家说明。

Wǒ de bàogào shì guānyú shēngchǎn chéngběn de yùsuàn, děng yíxià jiāng yòng túbiǎo wèi dàjiā shuōmíng.
生産コストの予算についてご報告します。後ほどグラフでご説明します。

---

❷ 图表辅助・グラフの説明

从柱形图可看出，中国分公司是去年业绩的领先者。

Cóng zhùxíngtú kě kànchū, Zhōngguó fēngōngsī shì qùnián yèjì de lǐngxiānzhě.
棒グラフでお分かりの通り、去年は中国支社が業績トップでした。

根据这张饼图可以得知，团购在我们的商品销售额中占了百分之三十八，占所有业绩的最大比例。

Gēnjù zhè zhāng bǐngtú kěyǐ dé zhī, tuángòu zài wǒmen de shāngpǐn xiāoshòu'é zhōng zhànle bǎi fēn zhī sānshíbā, zhàn suǒyǒu yèjì de zuì dà bǐlì.
こちらの円グラフによりますと、我が社の商品は、団体購入が最も多く、金額にして38％を占めています。

针对曲线图折线下滑的部分，我们请负责相关问题的同事来说明。

Zhēnduì qūxiàntú zhéxiàn xiàhuá de bùfèn, wǒmen qǐng fùzé xiāngguān wèntí de tóngshì lái shuōmíng.
折れ線グラフのこの下降部分については、この問題の担当者が説明します。

---

❸ 报告中断・時間をもらう

不好意思，关于这个问题，我等一下会解释的。

Bù hǎoyìsi, guānyú zhège wèntí, wǒ děng yíxià huì jiěshì de.
申し訳ありません。それに関しましてはのちほど報告いたします。

---

❹ 会议总结・説明を終える

以上就是这次报告的总结，各位有没有什么意见？

Yǐshàng jiù shì zhè cì bàogào de zǒngjié, gè wèi yǒu méiyǒu shénme yìjiàn?
今回の報告は以上です。ご意見をお聞かせください。

UNIT 7

实用会话 実用会話

会议中文通 中国語による会議

PART 1
各部门与会
担当者による話し合い 🎧24

会議で

| 总 | 总经理 zǒngjīnglǐ 総経理 | 李 | 李明华 Lǐ Mínghuá 李明華 |
| 王 | 王弘恩 Wáng Hóng'ēn 王弘恩 | 陈 | 陈美丽 Chén Měilì 陳美麗 |

总： 今天会议的主题是对抗[1]亚洲金融风暴[2]，我们将讨论金融危机[3]对公司的影响。先请营业部发言[4]。

Jīntiān huìyì de zhǔtí shì duìkàng Yàzhōu jīnróng fēngbào, wǒmen jiāng tǎolùn jīnróng wēijī duì gōngsī de yǐngxiǎng. Xiān qǐng yíngyèbù fāyán.

今日の議題は、アジアの金融危機をどう乗り切るかということだ。まずは金融危機によって我が社が受けた影響について話そう。営業部からどうぞ。

王： 首先营业部要为大家报告[5]五月份的业务状况[6]……。报告如上[7]，我想这跟我们往后的商品开发[8]有很大的关系[9]。

Shǒuxiān yíngyèbù yào wèi dàjiā bàogào wǔyuè fèn de yèwù zhuàngkuàng.... Bàogào rúshàng, wǒ xiǎng zhè gēn wǒmen wǎnghòu de shāngpǐn kāifā yǒu hěn dà de guānxi.

まず、営業部からは、5月の営業状況について報告します。……以上です。これは、今後の商品開発に大きく関係すると思います。

单词 単語 🎧25

1. 对抗 duìkàng　v. 抵抗する、対抗する
2. 金融风暴 jīnróng fēngbào　n. 金融危機
   金融 jīnróng　n. 金融
   风暴 fēngbào　n. 暴風雨
3. 金融危机 jīnróng wēijī　n. 金融危機
   危机 wēijī　n. 危機
4. 发言 fāyán　発言する
5. 报告 bàogào　v./n. 報告（する）
6. 状况 zhuàngkuàng　n. 状況
7. 如上 rúshàng　v. 以上の通りである
8. 开发 kāifā　v. 開発する
9. 关系 guānxì; guānxi　v./n. 関係（する）

总： 好。接下来请开发部**说明**[10]一下目前的状况。
Hǎo. Jiē xiàlái qǐng kāifābù shuōmíng yíxià mùqián de zhuàngkuàng.

ありがとう。では開発部の現在の状況を聞こう。

李： 今天我代表开发部讨论在金融危机下，公司新产品的开发问题……。总结我的报告，我们**认为**[11]这关系到人事方面的问题。
Jīntiān wǒ dàibiǎo kāifābù tǎolùn zài jīnróng wēijī xià, gōngsī xīn chǎnpǐn de kāifā wèntí…. Zǒngjié wǒ de bàogào, wǒmen rènwéi zhè guānxì dào rénshì fāngmiàn de wèntí.

開発部を代表して私がお話しします。金融危機の中で、新商品を開発するにあたっての問題は……。報告をまとめますと、我々は、人事に関連する問題と考えています。

总： 那么，这个问题请人事部的美丽给我们说明一下。
Nàme, zhège wèntí qǐng rénshìbù de Měilì gěi wǒmen shuōmíng yíxià.

では、この件について人事部の陳さんに説明してもらおう。

陈： 谢谢总经理跟明华。人事部要跟大家报告金融风暴下人事管理的状况……。所以各部门的人事**经费**[12]**预算**[13]必须由**董事会**[14]**表决**[15]同意后才能**通过**[16]。
Xièxie zǒngjīnglǐ gēn Mínghuá. Rénshìbù yào gēn dàjiā bàogào jīnróng fēngbào xià rénshì guǎnlǐ de zhuàngkuàng…. Suǒyǐ gè bùmén de rénshì jīngfèi yùsuàn bìxū yóu dǒngshìhuì biǎojué tóngyì hòu cái néng tōngguò.

総経理、李さん、ありがとうございます。人事部から、この金融危機における人事管理についてご報告します。……というわけで、各部署の人件費予算については董事会の採決を待って、同意を得てからでないと認められません。

美麗の報告終了

总： 现在大家都清楚**彼此**[17]的问题了，接下来我们来讨论各部门的**对策**[18]**可行性**[19]。
Xiànzài dàjiā dōu qīngchu bǐcǐ de wèntí le, jiē xiàlái wǒmen lái tǎolùn gè bùmén de duìcè kěxíngxìng.

これで全員がそれぞれの問題を把握できたね。では次に、各部署の対策の実現性を検討していこう。

単词 単語

10. 说明 shuōmíng *v.* 説明する
11. 认为 rènwéi *v.* 思う、考える
12. 经费 jīngfèi *n.* 経費
13. 预算 yùsuàn *n.* 予算
14. 董事会 dǒngshìhuì *n.* 董事会
15. 表决 biǎojué *v.* 採決する
16. 通过 tōngguò *v.* 通過する、承認する
17. 彼此 bǐcǐ *pron.* 双方
18. 对策 duìcè *n.* 対策
19. 可行性 kěxíngxìng *n.* 実現性

实用会话 実用会話

语法　文法

■ **如上** rúshàng

"如上"（以上の通りである）、"如下"（以下の通りである）は、改まった場や書面で使います。"如上"はこの語の前に挙げた部分を「以上です」と締める働きをし、"如下"は、その後ろに説明や例示が続くことを示します。"如前""如后"という言い方もあります。

→ 我的报告细节**如上**，希望大家可以参考参考。
　Wǒ de bàogào xìjié rúshàng, xīwàng dàjiā kěyǐ cānkǎo cānkǎo.
　私からのご報告の詳細は以上の通りです。ご参考になれば幸いです。

→ 我建议公司人事部招募新的员工，理由**如下**……。
　Wǒ jiànyì gōngsī rénshìbù zhāomù xīn de yuángōng, lǐyóu rúxià….
　人事部の従業員新規募集を提案します。理由は以下の通りです。……

■ **认为** rènwéi

「思う」「考える」。正式な立場からの意見表明や重大事項に対する見解などに用いる、比較的固い言い方です。後ろには動詞(句)、形容詞(句)が続きます。また、"应该、必须、可以、一定、能、会"などの順接の語を"认为"のすぐ後ろにつけることもあります。

→ 专家**认为**这次金融危机很严重。
　Zhuānjiā rènwéi zhè cì jīnróng wēijī hěn yánzhòng.
　専門家は今回の金融危機を大変深刻なものと見ている。

→ 关于下一季度的业绩，总经理**认为**应该会增长百分之五。
　Guānyú xià yí jìdù de yèjì, zǒngjīnglǐ rènwéi yīnggāi huì zēngzhǎng bǎi fēn zhī wǔ.
　次の四半期の業績について、社長は5％増は可能だと考えている。

→ 这个网站经过改版以后，会员都**认为**好用多了。
　Zhège wǎngzhàn jīngguò gǎibǎn yǐhòu, huìyuán dōu rènwéi hǎoyòng duō le.
　このホームページはリニューアル後、使い勝手がよくなったと会員がみな認めている。

PART 2
说清楚讲明白

はっきりと意見を述べる 🎧26

会議で

王 王莉仁 Wáng Lìrén 王莉仁
陈 陈经理 Chén jīnglǐ 陳マネージャー

王： 大家好。今天我要向各位报告公司即将[1]推出[2]的智能型手机[3]— Magic 320的进度[4]。
Dàjiā hǎo. Jīntiān wǒ yào xiàng gè wèi bàogào gōngsī jíjiāng tuīchū de zhìnéngxíng shǒujī—Magic sān èr líng de jìndù.

みなさん、本日は、我が社がまもなく発売するスマートフォンMagic320の進捗状況についてご報告します。

陈： Magic 320是我们下半年[5]的重点[6]产品，现在进行[7]到哪里了？
Magic sān èr líng shì wǒmen xià bànnián de zhòngdiǎn chǎnpǐn, xiànzài jìnxíng dào nǎli le?

Magic320は下半期の主力商品ですからね。現在はどのあたりまで進んでいますか？

王： 目前产品的规格[8]都已经确定了，现在要跟大家讨论的是手机的上市[9]时期与价格[10]。
Mùqián chǎnpǐn de guīgé dōu yǐjīng quèdìng le, xiànzài yào gēn dàjiā tǎolùn de shì shǒujī de shàngshì shíqī yǔ jiàgé.

製品仕様が確定しました。みなさんにご相談したいのは、発売の時期と価格です。

陈： 不是预定[11]八月上市吗？有什么变动[12]吗？
Bú shì yùdìng bāyuè shàngshì ma? Yǒu shénme biàndòng ma?

8月に出す予定じゃありませんでしたか。変更があるんですか？

单词 单語 🎧27

1. 即将 jíjiāng *adv.* まもなく
2. 推出 tuīchū *v.* 発売する
3. 智能型手机 zhìnéngxíng shǒujī *n.* スマートフォン
4. 进度 jìndù *n.* 進度、工程、進捗
5. 下半年 xià bànnián *n.* 下半期
6. 重点 zhòngdiǎn *n.* 重点
7. 进行 jìnxíng *v.* 行う、進行する
8. 规格 guīgé *n.* 規格、仕様
9. 上市 shàngshì *v.* 市場に出回る、上場する
10. 价格 jiàgé *n.* 価格
11. 预定 yùdìng *v.* 予定する
12. 变动 biàndòng *n.* 変動、変化

UNIT 7

实用会话 実用会話

王: 本来是这样没错，不过**制作**[13]时间比预期长，因此上市日期需要**推迟**[14]到九月。
Běnlái shì zhèyàng méicuò, búguò zhìzuò shíjiān bǐ yùqī cháng, yīncǐ shàngshì rìqī xūyào tuīchí dào jiǔyuè.

もともとその予定でしたが、製造時間が思ったよりかかってしまったので、発売は9月に延期する必要があるかと。

陈: 九月就是第四**季度**[15]了，第四季度的**竞争**[16]这么**激烈**[17]，没问题吗？
Jiǔyuè jiù shì dì-sì jìdù le, dì-sì jìdù de jìngzhēng zhème jīliè, méi wèntí ma?

9月だとすぐに第4四半期に入ります。第4四半期は競争が激しくなるけれども、大丈夫?

王: 经理，再给您说明一下。**根据**[18]**调查**[19]，八月新上市的智能型手机有三款，九月只有一款，因此Magic 320**延**[20]到九月上市对我们**其实**[21]比较**有利**[22]。
Jīnglǐ, zài gěi nín shuōmíng yíxià. Gēnjù diàochá, bāyuè xīn shàngshì de zhìnéngxíng shǒujī yǒu sān kuǎn, jiǔyuè zhǐ yǒu yì kuǎn, yīncǐ Magic sān èr líng yán dào jiǔyuè shàngshì duì wǒmen qíshí bǐjiào yǒulì.

マネージャー、詳しく説明します。リサーチによりますと、8月に発売されるスマートフォンは3機種ありますが、9月は1機種だけです。ですので、Magic320の発売を9月まで待ったほうが、実は我が社にとって有利なのです。

陈: 你**等一下**[23]把最新的上市**进度表**[24]拿来给我看，我再考虑考虑。
Nǐ děng yíxià bǎ zuì xīn de shàngshì jìndùbiǎo nálái gěi wǒ kàn, wǒ zài kǎolǜ kǎolü.

発売スケジュールの最新のものをあとで見せてください。もう一度考えます。

单词 単語

13. 制作 zhìzuò *v.* 作る、製造する
14. 推迟 tuīchí *v.* 延期する
15. 季度 jìdù *n.* 四半期
16. 竞争 jìngzhēng *v./n.* 競争（する）
17. 激烈 jīliè *adj.* 激しい
18. 根据 gēnjù *v.* 基づく
19. 调查 diàochá *v./n.* 調査（する）
20. 延 yán *v.* 延びる、延ばす
21. 其实 qíshí *adv.* 実際は
22. 有利 yǒulì *adj.* 有利である、有益である
23. 等一下 děng yíxià あとで、後ほど
24. 进度表 jìndùbiǎo *n.* 工程表、スケジュール

语法　文法

■ 根据 gēnjù

「〜に基づいて」。文頭に置き、あとで述べる主張の根拠を示します。

➜ **根据**老板在会议上的结论，下周我们部门得加班一个礼拜。
Gēnjù lǎobǎn zài huìyì shang de jiélùn, xià zhōu wǒmen bùmén děi jiābān yí ge lǐbài.
社長が会議で下した決定により、来週1週間、我々の部署は残業をしなければなりません。

➜ **根据**最新的调查报告，一半以上的上班族每天只睡六个小时。
Gēnjù zuì xīn de diàochá bàogào, yíbàn yǐshàng de shàngbānzú měi tiān zhǐ shuì liù ge xiǎoshí.
最新の調査報告によれば、サラリーマンの50%以上は、毎日6時間しか寝ていない。

➜ **根据**八月的业务报告，公司销售额在八月有一成的增长率。
Gēnjù bāyuè de yèwù bàogào, gōngsī xiāoshòu é zài bāyuè yǒu yì chéng de zēngzhǎnglǜ.
8月の営業報告によると、会社の8月の売上高は10%伸びている。

■ 其实 qíshí

"其实"のあとに、実際の状態が続きますが、これは、前文の意味と相反するか、修正・補充する内容になっています。述語または主語の前に用います。

➜ 他看起来很年轻，**其实**已经四十岁了。
Tā kàn qǐlái hěn niánqīng, qíshí yǐjīng sìshí suì le.
彼は若く見えるが、実は40歳だ。

➜ 这个项目看起来很简单，执行起来**其实**很困难。
Zhège xiàngmù kàn qǐlái hěn jiǎndān, zhíxíng qǐlái qíshí hěn kùnnán.
このプロジェクトは見たところ簡単だと思ったが、やり始めたら大変だ。

➜ 他的口音听起来很像南方人，**其实**他是北方人。
Tā de kǒuyīn tīng qǐlái hěn xiàng nánfāng rén, qíshí tā shì běifāng rén.
彼のなまりから南方の人だと思っていたが、実は北方の出身だった。

UNIT 7

实用会话　実用会話

PART 3
沟通与协调

議論と調整 🎧28

会議で

陈　陈经理　Chén jīnglǐ　陳マネージャー
王　王莉仁　Wáng Lìrén　王莉仁
张　张主任　Zhāng zhǔrèn　張主任
刘　刘主任　Liú zhǔrèn　劉主任

陈：那么，关于新手机的价格问题，我想听听开发部的意见[1]。

Nàme, guānyú xīn shǒujī de jiàgé wèntí, wǒ xiǎng tīngting kāifābù de yìjiàn.

それでは、新機種の価格について開発部の意見を聞かせてください。

王：虽然Magic 320的定价[2]是六百块，比别的手机贵一百，不过在外型[3]或功能上都比其它高阶手机[4]好，所以我们有信心。

Suīrán Magic sān èr líng de dìngjià shì liùbǎi kuài, bǐ bié de shǒujī guì yìbǎi, búguò zài wàixíng huò gōngnéng shang dōu bǐ qítā gāojiē shǒujī hǎo, suǒyǐ wǒmen yǒu xìnxīn.

Magic320の定価は600元と他の携帯電話より100元高いですが、見た目と性能は、他の高性能機種より優れていますので、自信があります。

张：我很肯定[5]开发部的信心，可是根据最新的问卷[6]调查，在金融风暴后，消费者[7]购买[8]高阶手机的意愿[9]明显[10]降低[11]了许多[12]。

Wǒ hěn kěndìng kāifābù de xìnxīn, kěshì gēnjù zuì xīn de wènjuàn diàochá, zài jīnróng fēngbào hòu, xiāofèizhě gòumǎi gāojiē shǒujī de yìyuàn míngxiǎn jiàngdīle xǔduō.

開発部が自信を持っていることは分かります。しかし、最新のアンケート調査によれば、金融危機以降、高性能携帯電話に対する消費者の購買意欲は明らかに下がっています。

UNIT 7

单词　単語 🎧29

1. 意见 yìjiàn *n.* 意見
2. 定价 dìngjià *n.* 定価
3. 外型 wàixíng *n.* 外見
4. 高阶手机 gāojiē shǒujī *n.* 高性能の携帯電話
5. 肯定 kěndìng *v.* 承認する
6. 问卷 wènjuàn *n.* アンケート
7. 消费者 xiāofèizhě *n.* 消費者、ユーザー
8. 购买 gòumǎi *v.* 買い入れる
9. 意愿 yìyuàn *n.* 望み、願望
10. 明显 míngxiǎn *adj.* 顕著である、はっきりしている
11. 降低 jiàngdī *v.* 下がる、下げる
12. 许多 xǔduō *adj.* 多い、たくさんの

刘： 我同意[13]张主任说的,是不是可以去宣传[14]我们的手机比别的手机贵出一百块钱的价值[15]在哪里,让消费者愿意[16]多花一百块来买我们的手机?

Wǒ tóngyì Zhāng zhǔrèn shuō de, shì bu shì kěyǐ qù xuānchuán wǒmen de shǒujī bǐ bié de shǒujī guì chū yìbǎi kuài qián de jiàzhí zài nǎli, ràng xiāofèizhě yuànyì duō huā yìbǎi kuài lái mǎi wǒmen de shǒujī?

張主任の意見に賛成です。しかし、我が社の携帯電話が他社より100元高い価値がどこにあるのかを宣伝し、100元多く払っても我が社の携帯を買いたいと消費者に思ってもらえることはできないでしょうか。

张： 这样我们市场部可能会有点困难……。

Zhèyàng wǒmen shìchǎngbù kěnéng huì yǒudiǎn kùnnán….

我々マーケティング部としては難しいと思いますが……。

陈： 莉仁,我们把价格降低到五百五,再与零售商[17]做促销[18]方案[19]怎么样?

Lìrén, wǒmen bǎ jiàgé jiàngdī dào wǔbǎi wǔ, zài yǔ língshòu shāng zuò cùxiāo fāng'àn zěnme yàng?

王さん、価格を550元に下げて、もう一度販売会社とプロモーションプランを練ってもらうというのはどうでしょう。

王： 好的,确定价格后,我再向各位报告。

Hǎo de, quèdìng jiàgé hòu, wǒ zài xiàng gè wèi bàogào.

わかりました。価格を確定してまたご報告します。

陈： 好,那我们后天就针对[20]Magic 320的上市价格做最后讨论。下周一请各部门做好上市前的报告。

Hǎo, nà wǒmen hòutiān jiù zhēnduì Magic sān èr líng de shàngshì jiàgé zuò zuìhòu tǎolùn. Xià zhōu yī qǐng gè bùmén zuòhǎo shàngshì qián de bàogào.

よし、それではあさって、Magic320の販売価格に的を絞って最終会議をします。月曜までに各部署で発売までにすべきことの報告書をまとめるように。

单词 単語

13. 同意 tóngyì
    v./n. 同意（する）、賛成（する）

14. 宣传 xuānchuán v./n. 宣伝（する）

15. 价值 jiàzhí n. 価値

16. 愿意 yuànyì v. 望む、願う

17. 零售商 língshòu shāng
    n. 小売り業者、販売業者

18. 促销 cùxiāo v./n. 販売促進（する）

19. 方案 fāng'àn n. 計画

20. 针对 zhēnduì v. 照準をあてる

UNIT 7

实用会话 実用会話

语法 文法

■ 向 xiàng

"向"は介詞で、動作の方向を示します(例1)。また、動作の対象を示します。このとき、「"向"＋対象となる人・もの(名詞・代名詞)」は動詞の前に置かれます(例2、3)。

➜ 你向左转就会看到电影院。
Nǐ xiàng zuǒ zhuǎn jiù huì kàndào diànyǐngyuàn.
左に曲がったらすぐ映画館が見えます。

➜ 真真向图书馆借了一本书。
Zhēnzhēn xiàng túshūguǎn jièle yì běn shū.
真真は図書館で本を1冊借りた。

➜ 我在今天的会议里向大家说明新产品的上市计划。
Wǒ zài jīntiān de huìyì li xiàng dàjiā shuōmíng xīn chǎnpǐn de shàngshì jìhuà.
私は今日の会議で、みんなに新製品の発売プランについて説明する。

■ 针对 zhēnduì

「～にねらいを定めて」「～に照準を合わせて」。文章の中心となる名詞(句)の前に置きます。

➜ 针对你问的问题，我想请人事部来说明一下。
Zhēnduì nǐ wèn de wèntí, wǒ xiǎng qǐng rénshìbù lái shuōmíng yíxià.
君の質問に対しては、人事部から説明してもらおう。

➜ 针对新产品的功能不足，我觉得开发部应该负很大的责任。
Zhēnduì xīn chǎnpǐn de gōngnéng bù zú, wǒ juéde kāifābù yīnggāi fù hěn dà de zérèn.
新製品の機能が不十分なのは、開発部の責任が大きいと思います。

➜ 针对早上的业务报告，总经理说他完全没有意见。
Zhēnduì zǎoshang de yèwù bàogào, zǒngjīnglǐ shuō tā wánquán méiyǒu yìjiàn.
今朝の業務報告については、総経理は言うことはないそうです。

会议必胜句 会議で使えるフレーズ

会議では、自分の考えを説明したり、誰かの意見に反論したりすることが必要です。ここでは、会議で話し始めるときによく使われるフレーズを集めました。

❶ 也许我说得不够清楚。我想说的是（提出自己的意见）。
Yěxǔ wǒ shuō de bú gòu qīngchu. Wǒ xiǎng shuō de shì (tíchū zìjǐ de yìjiàn).
説明がわかりにくかったかもしれません。私が言いたかったのは……。

❷ 我了解你的意思，但是（提出自己反对的理由）。
Wǒ liǎojiě nǐ de yìsi, dànshì (tíchū zìjǐ fǎnduì de lǐyóu).
あなたのお考えはわかりました。しかし……。

❸ 你说得没错，不过（提出自己反对的理由）。
Nǐ shuō de méicuò, búguò (tíchū zìjǐ fǎnduì de lǐyóu).
おっしゃる通りだと思います。しかし……。

❹ 我赞同你的建议，除了（提出自己反对的论点）。
Wǒ zàntóng nǐ de jiànyì, chúle (tíchū zìjǐ fǎnduì de lùndiǎn).
あなたの提案に賛成します。ただし……。

❺ 我换个说法好了。（用另一种说法再次说明内容）。
Wǒ huàn ge shuōfǎ hǎo le. (yòng lìng yì zhǒng shuōfǎ zài cì shuōmíng nèiróng).
別の言い方をすれば、……。

❻ 这样说好了。（用另一种说法再次说明内容）。
Zhèyàng shuō hǎo le. (yòng lìng yì zhǒng shuōfǎ zài cì shuōmíng nèiróng).
こう言えばいいでしょうか。……。

❼ 你的重点是什么？
Nǐ de zhòngdiǎn shì shénme?
結局、なにが言いたいのだ。

注：語調が厳しいので、使い方に注意が必要です。"你是想说……吗？ Nǐ shì xiǎng shuō...ma?"（～とおっしゃりたいのですか？）を使うと柔らかい表現になります。

❽ 对于这个状况我有不同的看法。
Duìyú zhège zhuàngkuàng wǒ yǒu bù tóng de kànfǎ.
この状況に対して、私は別の見方をしています。

❾ 你确定吗？我们应该再次确认。
Nǐ quèdìng ma? Wǒmen yīnggāi zài cì quèrèn.
確かですか？もう一度確認すべきだと思います。

UNIT 7

职击现场 実践編

提案报告　プレゼンテーション

方人傑はネット上の広告を扱う代理店の社員である。今日はクライアントに次の四半期の広告について提案に来た。

方　方人杰　Fāng Rénjié　方人傑
王　王主任　Wáng zhǔrèn　王主任
李　李主任　Lǐ zhǔrèn　李主任

方：大家好，我是方人杰，代表[1]霸网公司为各位介绍一下新一季度的广告企划[2]报告。

Dàjiā hǎo, wǒ shì Fāng Rénjié, dàibiǎo Bàwǎng gōngsī wèi gè wèi jièshào yíxià xīn yí jìdù de guǎnggào qǐhuà bàogào.

方人傑スクリーンに向かう

方：在今天的报告[3]中，首先我会先报告上一季度的广告效果[4]，然后说明最新的广告市场分析[5]，最后发表[6]新一季度的广告策略[7]。如果对报告内容有什么疑问[8]，请提出来[9]。

Zài jīntiān de bàogào zhōng, shǒuxiān wǒ huì xiān bàogào shàng yí jìdù de guǎnggào xiàoguǒ, ránhòu shuōmíng zuì xīn de guǎnggào shìchǎng fēnxī, zuìhòu fābiǎo xīn yí jìdù de guǎnggào cèlüè. Rúguǒ duì bàogào nèiróng yǒu shénme yíwèn, qǐng tí chūlái.

方人傑が資料を配る

方：现在各位手上拿到的，是贵公司上一季度，也就是第二季度的业务资料[10]。

Xiànzài gè wèi shǒu shang nádào de, shì guì gōngsī shàng yí jìdù, yě jiù shì dì-èr jìdù de yèwù zīliào.

> 元の位置に戻る

方: 根据资料，今年第二季度贵公司的销售额增长[11]了百分之三，我们相信是因为广告策略成功的关系。
Gēnjù zīliào, jīnnián dì-èr jìdù guì gōngsī de xiāoshòu'é zēngzhǎngle bǎi fēn zhī sān, wǒmen xiāngxìn shì yīnwèi guǎnggào cèlüè chénggōng de guānxi.

王: 我们公司很肯定你们上一季度的宣传效果。
Wǒmen gōngsī hěn kěndìng nǐmen shàng yí jìdù de xuānchuán xiàoguǒ.

方: 是的，上一季度我们加重[12]了在咕咕网站[13]上的广告比例[14]，所以取得[15]了很好的成绩[16]。
Shì de, shàng yí jìdù wǒmen jiāzhòngle zài Gūgū wǎngzhàn shang de guǎnggào bǐlì, suǒyǐ qǔdéle hěn hǎo de chéngjì.

李: 是吗? 我上班的时候常上[17]咕咕网，为什么不常看到我们的广告?
Shì ma? Wǒ shàngbān de shíhou cháng shàng Gūgū wǎng, wèishénme bù cháng kàndào wǒmen de guǎnggào?

方: 我们通常是在年轻人[18]最常上网的晚间时段[19]放上去的，所以李主任才不常看到。
Wǒmen tōngcháng shì zài niánqīngrén zuì cháng shàngwǎng de wǎnjiān shíduàn fàng shàngqu de, suǒyǐ Lǐ zhǔrèn cái bù cháng kàndào.

李: 原来是这样。
Yuánlái shì zhèyàng.

王: 第四季度我们不打算增加广告费，但希望可以维持[20]相同的增长率[21]。
Dì-sì jìdù wǒmen bù dǎsuan zēngjiā guǎnggàofèi, dàn xīwàng kěyǐ wéichí xiāngtóng de zēngzhǎnglǜ.

方: 这一点我们很清楚，所以我等一下将为各位报告新一季度的广告新策略。
Zhè yì diǎn wǒmen hěn qīngchu, suǒyǐ wǒ děng yíxià jiāng wèi gè wèi bàogào xīn yí jìdù de guǎnggào xīn cèlüè.

职击现场 実践編

日文翻译 日本語訳

- 方 みなさま、こんにちは。方人傑と申します。覇網を代表して、次の四半期の広告についてのご提案を持って参りました。
- 方 本日の報告では、まず先の四半期における宣伝効果の報告、続いて最新の広告マーケットの分析、最後に、次の四半期の広告プランを発表します。疑問点がありましたらどうぞおっしゃってください。
- 方 ただいまお配りしましたのは、御社の先の四半期、つまり第2四半期の販売データです。
- 方 これによりますと、御社の第2四半期の売上高は3%上昇しています。これには、私どもの広告プランが貢献しているものと考えております。
- 王 我が社も先の四半期については宣伝効果を感じています。
- 方 はい。前期はグーグーのホームページに広告を出す割合を増やしました。それが好成績につながったのだと思います。
- 李 そうですか?私は会社ではいつもグーグーにつないでいますが、我が社の広告はあまり見たことないですよ。
- 方 若者が一番ネットを利用する遅い時間帯に広告を流していますので、李主任はご覧になったことがないのだと思います。
- 李 そうでしたか。
- 王 第4四半期に、広告費を増やすつもりはありませんが、売上増加のペースは維持したいのです。
- 方 その点は我々もよく承知しております。それでは次の四半期に向けての新しい広告プランをご説明いたします。

单词 単語

1. 代表 dàibiǎo v. 代表する
2. 企划 qǐhuà n. 企画、プラン
3. 报告 bàogào v./n. 報告(する)
4. 效果 xiàoguǒ n. 効果
5. 分析 fēnxī v./n. 分析(する)
6. 发表 fābiǎo v. 発表する、載せる
7. 策略 cèlüè n. 策略、戦術
8. 疑问 yíwèn n. 疑問
9. 提出来 tí chūlái 出す
10. 资料 zīliào n. 資料、データ
11. 增长 zēngzhǎng v. 増大する、向上する
12. 加重 jiāzhòng v. 重くする、重くなる
13. 网站 wǎngzhàn n. ホームページ
14. 比例 bǐlì n. 比例、比率
15. 取得 qǔdé v. 獲得する
16. 成绩 chéngjì n. 成績
17. 上 shàng v. (インターネットに)つなぐ
18. 年轻人 niánqīngrén n. 若者
19. 时段 shíduàn n. 時間帯
20. 维持 wéichí v. 維持する、保つ
21. 增长率 zēngzhǎnglǜ n. 成長率

语法 文法

■ 百分之～ bǎi fēn zhī ～

A占B的百分之～ A zhàn B de bǎi fēn zhī ～

パーセンテージをあらわすときは"百分之～"を使います。例えば30パーセントは"百分之三十"です。「AはBのX%を占めている」と言いたいときは"A占B的百分之X"を使います。

→ 我们公司有百分之十的资金是从美国来的。
   Wǒmen gōngsī yǒu bǎi fēn zhī shí de zījīn shì cóng Měiguó lái de.
   我が社の資本金の10%はアメリカ企業が出資している。

→ 今年员工福利经费占人事费用的百分之七。
   Jīnnián yuángōng fúlì jīngfèi zhàn rénshì fèiyòng de bǎi fēn zhī qī.
   今年は社員の福利厚生費が人件費の7%を占めた。

→ 根据最新的调查，百分之六十的年轻人有两部以上的手机。
   Gēnjù zuì xīn de diàochá, bǎi fēn zhī liùshí de niánqīngrén yǒu liǎng bù yǐshàng de shǒujī.
   最新の調査によると、若者の60%が2台以上携帯電話を持っている。

■ 因为～的关系 yīnwèi ～ de guānxi

理由を説明する構文なので、"因为～"と意味は変わりませんが、"因为～的关系"のほうが、語気もやわらかい感じになります。

→ 因为老板出差的关系，我们的会议推迟到后天。
   Yīnwèi lǎobǎn chūchāi de guānxi, wǒmen de huìyì tuīchí dào hòutiān.
   社長が出張している関係で、会議はあさってに延期された。

→ 因为商品快上市的关系，我们部门最近特别忙。
   Yīnwèi shāngpǐn kuài shàngshì de guānxi, wǒmen bùmén zuìjìn tèbié máng.
   商品がまもなく発売になるので、私たちの部署は最近非常に忙しい。

→ 因为金融风暴的关系，我们公司不打算征新的员工。
   Yīnwèi jīnróng fēngbào de guānxi, wǒmen gōngsī bù dǎsuan zhēng xīn de yuángōng.
   金融危機の影響で、我が社は新入社員の採用を見送った。

职击现场 実践編

运用图表　グラフの活用

報告では、数字をグラフにあらわすと、見やすく効果的です。ここでは業績報告を例にとって、グラフを示すときによく使うフレーズを紹介します。

🎧 33

❶ 从这张图表我们可以看到……。
Cóng zhè zhāng túbiǎo wǒmen kěyǐ kàndào....
この図表から読み取れますのは……

❷ 这张图表显示出……。
Zhè zhāng túbiǎo xiǎnshì chū....
この表が示しているのは……

折れ線グラフを指しながら

❸ 业绩从（开始时间点）到（结束时间点）稳定增长。
Yèjì cóng (kāishǐ shíjiān diǎn) dào (jiéshù shíjiān diǎn) wěndìng zēngzhǎng.
業績は～から～までは安定した伸びを示しています。

❹ 业绩在（某个时间点）达到高峰。
Yèjì zài (mǒuge shíjiān diǎn) dádào gāofēng.
業績は～がピークです。

❺ 业绩从（开始时间点）开始下滑，到（某个时间点）跌到最低点。
Yèjì cóng (kāishǐ shíjiān diǎn) kāishǐ xiàhuá, dào (mǒuge shíjiān diǎn) diē dào zuì dī diǎn.
業績は～から下がり始め、～が最悪でした。

❻ 业绩表现有一点儿不稳定。
Yèjì biǎoxiàn yǒu yìdiǎnr bù wěndìng.
業績はやや不安定です。

棒グラフを指しながら

❼ 去年市场的领先者是（公司名字或区域），今年市场的领先者是（公司名字或区域）。
Qùnián shìchǎng de lǐngxiānzhě shì (gōngsī míngzi huò qūyù), jīnnián shìchǎng de lǐngxiānzhě shì (gōngsī míngzi huò qūyù).
昨年のトップシェアは(会社名・地域)で、今年のトップシェアは(会社名・地域)です。

❽ 跟去年比起来，（公司名字或区域）的业绩有很大的进步。
Gēn qùnián bǐ qǐlái, (gōngsī míngzi huò qūyù) de yèjì yǒu hěn dà de jìnbù.
去年と比較すると、(会社名・地域)の業績がかなり伸びています。

円グラフを指しながら

❾ 我们公司目前的市场占有率是百分之三十。
Wǒmen gōngsī mùqián de shìchǎng zhànyǒu lǜ shì bǎi fēn zhī sānshí.
我が社の現在のシェアは30％です。

❿ 目前（公司名字）持有市场占有率的最大比例。
Mùqián (gōngsī míngzi) chíyǒu shìchǎng zhànyǒu lǜ de zuì dà bǐlì.
現在、(会社名)のシェアが一番高いです。

UNIT 7

文化补充 ビジネススクール

办公室禁忌话题
オフィスのタブー

快適な職場環境と円滑な人間関係を築くにあたって、あらかじめタブーを理解しておくことは大切です。

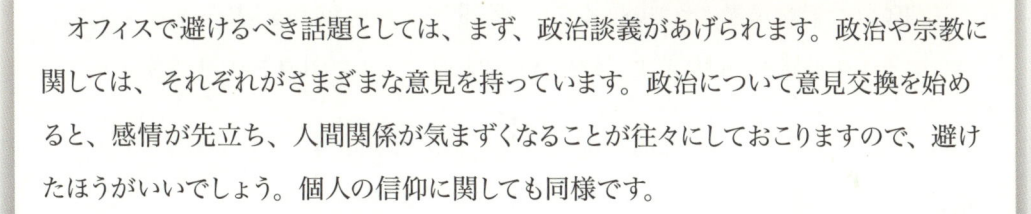

　オフィスで避けるべき話題としては、まず、政治談義があげられます。政治や宗教に関しては、それぞれがさまざまな意見を持っています。政治について意見交換を始めると、感情が先立ち、人間関係が気まずくなることが往々にしておこりますので、避けたほうがいいでしょう。個人の信仰に関しても同様です。

　会社内部の機密事項の重要性は言うまでもないでしょう。一般的には、独自の技術、経営管理システム、開発商品、入札の計画、顧客情報などが含まれます。また、外部との協定内容、進捗状況、企画書などの資料について、公の場で話したりすると、法に触れる場合があります。

　会社の制度について不満があったとしても、同僚に言うのはやめましょう。ましてや上司の前で口にするようなことは絶対にしてはいけません。以前に勤めていた会社の待遇と比較するのも避けたほうが無難です。

　自分や同僚の給料を話題にするのも賢明ではありません。それぞれ給料が違っていることはみんな知っているとしても、実際に金銭の話を持ち出すのは避けましょう。勤務態度や能力に対しての批判を招きかねません。

文化補充　ビジネススクール

　個人的なことをどこまで話すかというのは、人によって違います。自分の好みや趣味の話をして、同僚とうち解けるということもあるかもしれません。しかし、プライベートを仕事に持ち込みすぎないよう、更には私生活での感情を仕事場で表に出さないよう注意しなくてはいけません。また、財産に関わるような話、例えば旅行にかかったお金とか、不動産購入の費用などについて話すと、妬みを買ったり、自慢しているととられたりするかもしれません。上司やその家族との親密さが伝わるような話も避けましょう。仕事の上で特に優遇されていなくても、周囲からは疑いの目を向けられます。ましてや上司からの好意をひけらかすようなことをすれば、すぐに印象を悪くします。

　自分自身だけでなく、人の私生活にもあまり首を突っ込まない方がいいでしょう。同僚や上司の家庭、財産などプライベートなことを詮索するのは失礼です。人の批判もやめましょう。自分のものの見方が、ほかの人たちと同じとは限りません。いつもだれかを軽く批評しているような人は、仕事についても慎重さを欠くような印象を与えます。

　個人的な野望についても、それを公にすれば、会社や同僚への挑発ととられます。自分の値うちは仕事に対する態度で示せばいいのであって、大きなことを言う必要はありません。また、自身の転職について話すのも避けたほうがいいでしょう。

　では、どのような話をしたらいいのでしょうか。オフィスでむやみに話すなというのは、何も話すなということではありません。例えば上司が意見を求めてきたときに黙ったままでいては、なにも考えていないやつだと思われるかもしれません。プライバシーにふれないような、最近のニュースとか、映画の感想などで、仕事の息抜きに軽いおしゃべりを楽しんではいかがでしょうか。

UNIT 8
出差与接待

出張と接待

商社にお勤めの方は、国外出張や海外のお客様の接待に慣れていることでしょう。さらに今後は、経済発展が著しい中国とのやりとりが増加していくと考えられます。このUnitでは、出張と接待に必要な表現を学びます。出発前の確認、出迎え、展示会での説明、接待などの場面を用意しました。「ビジネススクール」では、中国人が重視する「贈り物」について、そのマナーとタブーを解説しています。

图解词汇 単語帳

出差相关词汇
出張に関連した言葉 🎧 34

❶ **商务人士** shāngwù rénshì *n.* ビジネスパーソン

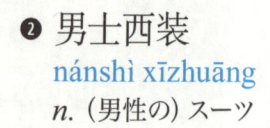

❷ **男士西装**
nánshì xīzhuāng
n. （男性の）スーツ

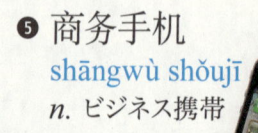

❸ **女士西装**
nǚshì xīzhuāng
n. （女性の）スーツ

❹ **名片**
míngpiàn
n. 名刺

❺ **商务手机**
shāngwù shǒujī
n. ビジネス携帯

❻ **公文包**
gōngwénbāo
n. ブリーフケース

UNIT 8

❼ **行程表**
xíngchéngbiǎo
n. 日程表

❽ **雷射笔**
léishèbǐ
n. レーザーポインター

❾ **产品样品**
chǎnpǐn yàngpǐn
n. 商品サンプル

❿ **会议资料**
huìyì zīliào
n. 会議資料

⓫ **商务杂志**
shāngwù zázhì
n. ビジネス雑誌

⓬ **商务中心** shāngwù zhōngxīn
n. ビジネスセンター

⓭ **商务舱** shāngwùcāng
n. ビジネスクラス

⓮ **商务套餐**
shāngwù tàocān
n. ビジネスランチ

UNIT 8

81

必备句 常用フレーズ

出差接待说什么 出張と接待

I. 出差 出張

❶ 确认行程・日程確認

我明天要去国外出差，是为了参展的事情。
Wǒ míngtiān yào qù guówài chūchāi, shì wèile cānzhǎn de shìqing.
展示会に参加するため、明日から海外へ出張します。

我会在星期四抵达，有人来接机吗？
Wǒ huì zài xīngqīsì dǐdá, yǒu rén lái jiējī ma?
木曜日に到着します。どなたか空港へ迎えに来てくださるのでしょうか。

❷ 入境与兑币・入国審査と両替

我是来出差的，目的是考察海外业务。我会在这里待五天。
Wǒ shì lái chūchāi de, mùdì shì kǎochá hǎiwài yèwù. Wǒ huì zài zhèli dāi wǔ tiān.
出張です。海外業務の視察が目的です。滞在は5日間の予定です。

我想把这些美元换成人民币。一半换成一百元面值的。
Wǒ xiǎng bǎ zhèxiē měiyuán huànchéng rénmínbì. Yíbàn huànchéng yìbǎi yuán miànzhí de.
ドルを人民元に両替してください。半分は100元札でもらえますか。

❸ 美食与观光・食事と観光

听说中华料理和小吃很有名，可以请你推荐一下吗？
Tīngshuō Zhōnghuá liàolǐ hé xiǎochī hěn yǒumíng, kěyǐ qǐng nǐ tuījiàn yíxià ma?
中華料理も「シャオチー」も有名ですよね。なにがお勧めですか。

我想趁这个机会看看几个景点，可以请你帮我安排吗？
Wǒ xiǎng chèn zhège jīhuì kànkan jǐ ge jǐngdiǎn, kěyǐ qǐng nǐ bāng wǒ ānpái ma?
この機会に観光名所を回りたいと思っています。手配していただけませんか。

❹ 行程变动・日程変更

我的行程有变化，想再和你们确认。
Wǒ de xíngchéng yǒu biànhuà, xiǎng zài hé nǐmen quèrèn.
私の日程が変わりましたので、みなさんと確認したいと思います。

我正在安排行程，有任何情况，请你马上通知我。
Wǒ zhèngzài ānpái xíngchéng, yǒu rènhé qíngkuàng, qǐng nǐ mǎshàng tōngzhī wǒ.
スケジュールを調整しているところです。なにかありましたらすぐにお知らせください。

UNIT 8

II. 招待客户 接待

❶ 确认对方行程・相手方の日程の確認

我想跟您确认您下周参访敝公司的行程。
Wǒ xiǎng gēn nín quèrèn nín xià zhōu cānfǎng bì gōngsī de xíngchéng.
来週弊社にいらっしゃるときのスケジュールについて確認させていただきたいのですが。

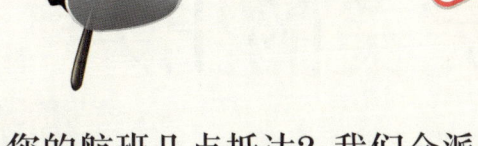

您的航班几点抵达？我们会派人接机。
Nín de hángbān jǐ diǎn dǐdá? Wǒmen huì pài rén jiējī.
飛行機は何時に着きますか。お迎えに参ります。

❷ 机场接机・出迎え

您好，我是高云飞，代表金品公司来接您。这是我的名片。
Nín hǎo, wǒ shì Gāo Yúnfēi, dàibiǎo Jīnpǐn gōngsī lái jiē nín. Zhè shì wǒ de míngpiàn.
はじめまして。高雲飛と申します。金品公司よりお迎えにあがりました。こちらは私の名刺です。

欢迎您来上海。旅途一切顺利吗？您第一次来上海吗？
Huānyíng nín lái Shànghǎi. Lǚtú yíqiè shùnlì ma? Nín dì-yī cì lái Shànghǎi ma?
ようこそ、上海へ。道中順調でしたか。上海は初めてでいらっしゃいますか。

❸ 美食与观光・食事と観光案内

我们准备了当地名菜招待您，希望您会喜欢。
Wǒmen zhǔnbèile dàngdì míngcài zhāodài nín, xīwàng nín huì xǐhuan.
当地の名物料理をご用意しました。気に入っていただければうれしいのですが。

行程的最后会带您参观一些著名的景点，要是您有想去的地方，我们也可以帮您安排。
Xíngchéng de zuìhòu huì dài nín cānguān yìxiē zhùmíng de jǐngdiǎn, yàoshì nín yǒu xiǎng qù de dìfang, wǒmen yě kěyǐ bāng nín ānpái.
最終日には観光地へご案内します。行きたいところがあれば手配いたします。

❹ 调整行程・日程調整

不好意思，我还没收到您的行程表，可以请您再寄一次吗？
Bù hǎoyìsi, wǒ hái méi shōudào nín de xíngchéngbiǎo, kěyǐ qǐng nín zài jì yí cì ma?
すみません、そちらの日程表が届いておりません。再送していただけますか。

很抱歉，稍后的行程有点变化，可能会影响您的计划。
Hěn bàoqiàn, shāohòu de xíngchéng yǒudiǎn biànhuà, kěnéng huì yǐngxiǎng nín de jìhuà.
申し訳ありません、スケジュールに変更が出ました。そちらの予定に影響が出そうです。

UNIT 8

实用会话 実用会話

完美的出差 完璧な出張

PART 1
行前确认
出張前の確認 🎧36

電話で

张 张静怡 Zhāng Jìngyí 張静怡　　叶 叶佳欣 Yè Jiāxīn 葉佳欣

张： 您好，请问是叶佳欣小姐吗？我是百利银行上海分行[1]的张静怡。
Nín hǎo, qǐngwèn shì Yè Jiāxīn xiǎojie ma? Wǒ shì Bǎilì yínháng Shànghǎi fēnháng de Zhāng Jìngyí.

もしもし、葉佳欣様でいらっしゃいますか。私は百利銀行上海支店の張静怡です。

叶： 张小姐您好，我正要给您打电话呢。
Zhāng xiǎojie nín hǎo, wǒ zhèngyào gěi nín dǎ diànhuà ne.

張様、こんにちは。ちょうどお電話しようと思っていたところです。

张： 真巧[2]。我想跟您确认[3]贵公司王经理这周三来上海分行参加高层[4]会议的事情。请问王经理是搭乘[5]大华航空439航班[6]，周三早上十点抵达[7]上海吗？
Zhēn qiǎo. Wǒ xiǎng gēn nín quèrèn guì gōngsī Wáng jīnglǐ zhè zhōusān lái Shànghǎi fēnháng cānjiā gāocéng huìyì de shìqing. Qǐngwèn Wáng jīnglǐ shì dāchéng Dàhuá hángkōng sì-sān-jiǔ hángbān, zhōusān zǎoshang shí diǎn dǐdá Shànghǎi ma?

ちょうどよかった。今週の水曜日、御社の王マネージャーが上海支店で行われる役員会議に参加されますよね。その件で確認をしたいのです。王マネージャーの搭乗便は、大華航空439便、水曜日の午前10時上海到着でよろしいでしょうか。

单词 単語 🎧37

1. 分行 fēnháng　n. 銀行の支店
2. 巧 qiǎo　adj. ちょうどよい
3. 确认 quèrèn　v. 確認する
4. 高层 gāocéng　n. 地位の高いこと、上層
5. 搭乘 dāchéng　v. 搭乗する
6. 航班 hángbān　n. 飛行機のフライト・ナンバー
7. 抵达 dǐdá　v. 到着する

中国語には曜日の言い方が"星期""礼拜""周"の3種類あります。従って月曜日は"星期一"のほかに、"礼拜一""周一"ともあらわします。

UNIT 8

叶： 是的。我昨天已经确认过了，您说的航班跟时间都正确[8]。

Shì de. Wǒ zuótiān yǐjīng quèrèn guò le, nín shuō de hángbān gēn shíjiān dōu zhèngquè.

そうです。昨日確認しました。おっしゃる通りの便、時間で間違いありません。

张： 好的，我们当天会派[9]人去接机[10]。另外，要再跟您确认另一个行程[11]。下周四贵公司是不是有一位李先生要来做报告？请问航班时间确定[12]了吗？

Hǎo de, wǒmen dāngtiān huì pài rén qù jiējī. Lìngwài, yào zài gēn nín quèrèn lìng yí ge xíngchéng. Xià zhōusì guì gōngsī shì bu shì yǒu yí wèi Lǐ xiānsheng yào lái zuò bàogào? Qǐngwèn hángbān shíjiān quèdìngle ma?

わかりました。当日はお迎えにあがります。それから、もう一つ別のスケジュールの件でもご確認いただきたいことがあります。来週の木曜日に御社の李さんが報告にいらっしゃいますよね。飛行機の時間はお決まりですか。

叶： 是的，下周四我们营业部的李部长要去贵公司做报告，但是航班时间还不确定，我马上去问问，确定了时间就给您回电话。

Shì de, xià zhōusì wǒmen yíngyèbù de Lǐ bùzhǎng yào qù guì gōngsī zuò bàogào, dànshì hángbān shíjiān hái bú quèdìng, wǒ mǎshàng qù wènwen, quèdìngle shíjiān jiù gěi nín huí diànhuà.

そうですね。来週の木曜日に弊社営業部部長の李がご報告にうかがいます。でも、まだ飛行機の時間は確定していないんです。すぐに確認して、決まり次第お電話差し上げます。

张： 麻烦您了。

Máfan nín le.

お手数お掛けします。

单词　単語

8. 正确 zhèngquè *adj.* 正しい、正確だ
9. 派 pài *v.* 派遣する
10. 接机 jiējī 空港で出迎える
11. 行程 xíngchéng *n.* 日程、スケジュール
12. 确定 quèdìng *v.* 確定する

实用会话 実用会話

语法 文法

■ **另外** lìngwài

「そのほかに」「また」。"此外 (cǐwài)"もほぼ同様の意味で使われます。

→ 老板给全体员工都加薪了；**另外**，他还多给了我们一天的带薪休假。
Lǎobǎn gěi quántǐ yuángōng dōu jiāxīn le; lìngwài, tā hái duō gěile wǒmen yì tiān de dài xīn xiūjià.
社長は全社員の給料を上げたうえ、有給休暇も1日増やしてくれた。

→ 我不建议你圣诞节的时候去欧洲玩，因为天气一定很冷；**此外**，机票也比平时贵。
Wǒ bú jiànyì nǐ Shèngdànjié de shíhou qù Ōuzhōu wán, yīnwèi tiānqì yídìng hěn lěng; cǐwài, jīpiào yě bǐ píngshí guì.
クリスマスの時期にヨーロッパへ遊びに行くのは勧めないよ。寒いし、航空チケットも通常より高いんだ。

■ **是不是** shì bu shì

"是不是〜？"は"是〜吗？"と同じく疑問をあらわす表現ですが、"是不是"の方が確認のニュアンスが強くなり、話し手の知りたい部分を相手に強調できます。

→ 你**是不是**下周四要去中国出差？（時期を確認したい）
Nǐ shì bu shì xià zhōusì yào qù Zhōngguó chūchāi?
来週の木曜から中国出張ですよね？

→ 你下周四**是不是**要去中国出差？（行き先と目的を確認したい）
Nǐ xià zhōusì shì bu shì yào qù Zhōngguó chūchāi?
来週の木曜は、中国へ出張に行くんですよね？

■ **V 了 O 就** V le O jiù

動作が連続して起こったことを示します。最初の動作（"V了O"の部分）と、それに続く動作（"就〜"の部分）には関連性がなくてもよく、ただ続けざまに行われたということを示す場合もあります。

→ 他吃**了**药**就**想睡觉。
Tā chīle yào jiù xiǎng shuìjiào.
彼は薬を飲んだらすぐに眠くなる。

→ 小林写**了**报告**就**下班了。
Xiǎo Lín xiěle bàogào jiù xiàbān le.
林さんは報告書を書くとすぐに帰った。

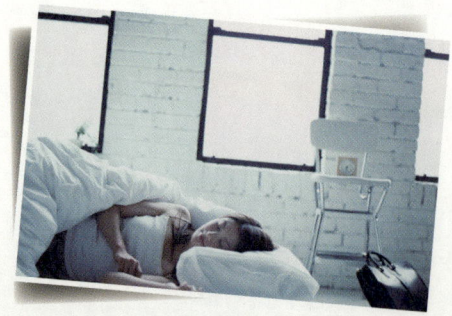

PART 2
机场接机

空港での出迎え 🎧 38

方志中と林美伦は空港の到着ロビーにいる。"欢迎杨大伟总经理"(ようこそ楊総経理)と書かれたボードを掲げている。

方 方志中 Fāng Zhìzhōng 方志中
杨 杨大伟 Yáng Dàwěi 楊大偉
林 林美伦 Lín Měilún 林美倫

方: 请问是杨总吗?
Qǐngwèn shì Yáng zǒng ma?

すみません、楊総経理でいらっしゃいますか。

杨: 是的。
Shì de.

そうです。

林: 欢迎杨总来台北。我是林美伦，代表[1]杰生公司来接您。
Huānyíng Yáng zǒng lái Táiběi. Wǒ shì Lín Měilún, dàibiǎo Jiéshēng gōngsī lái jiē nín.

総経理、ようこそ台北へいらっしゃいました。林美倫です。傑生公司からお迎えにまいりました。

方: 杨总你好，我叫方志中，是杰生的业务专员。这是我的名片。
Yáng zǒng nǐ hǎo, wǒ jiào Fāng Zhìzhōng, shì Jiéshēng de yèwù zhuānyuán. Zhè shì wǒ de míngpiàn.

総経理、はじめまして。方志中と申します。傑生公司の業務担当です。こちらが私の名刺です。

林: 总经理，这是我的名片，请多指教。
Zǒngjīnglǐ, zhè shì wǒ de míngpiàn, qǐng duō zhǐjiào.

総経理、私の名刺です。よろしくお願いいたします。

UNIT 8

单词　単語 🎧 39

1. 代表 dàibiǎo　v. 代表する

实用会话 実用会話

> 楊総経理は名刺を受け取って

杨： 谢谢你们来接机。
Xièxie nǐmen lái jiējī.

迎えに来ていただきありがとうございます。

方： 杨总不用客气。请让我帮您提²行李。
Yáng zǒng bú yòng kèqi. Qǐng ràng wǒ bāng nín tí xíngli.

とんでもないです。荷物をお持ちします。

杨： 谢谢你。小心点儿，我的行李挺³重的。
Xièxie nǐ. Xiǎoxīn diǎnr, wǒ de xíngli tǐng zhòng de.

ありがとうございます。気をつけて、結構重いですから。

方： 不要紧⁴的。
Bú yàojǐn de.

大丈夫です。

林： 杨总，您的旅途⁵怎么样？
Yáng zǒng, nín de lǚtú zěnmeyàng?

社長、道中いかがでしたか。

杨： 因为飞行⁶的时间很久，所以我有点儿累。
Yīnwèi fēixíng de shíjiān hěn jiǔ, suǒyǐ wǒ yǒudiǎnr lèi.

フライトが長くて、ちょっと疲れました。

方： 杨总，请您在这儿等一会儿，我去把车子开过来，马上就送您回饭店休息。
Yáng zǒng, qǐng nín zài zhèr děng yíhuìr, wǒ qù bǎ chēzi kāi guòlái, mǎshàng jiù sòng nín huí fàndiàn xiūxi.

こちらで少々お待ちください。車をまわして来ます。すぐにホテルへお送りしますので、お休みください。

单词 単語

2. 提 tí v. 提げる
3. 挺 tǐng adv. とても
4. 不要紧 bú yàojǐn 大丈夫
5. 旅途 lǚtú n. 道中
6. 飞行 fēixíng n. 飛行

语法　文法

■ 挺〜的　tǐng ~ de

"挺"は「とても」をあらわす程度副詞ですが、"很"や"非常"ほど強い意味はありません。"的"と呼応して"挺〜的"の形で用いられ、間には形容詞や動詞が入ります。

程度を比較すると、強いほうから 非常 ▶ 很 ▶ 挺〜的 の順になります。

→ 他的工作能力<u>挺</u>强<u>的</u>，难怪老板那么重用他。
　Tā de gōngzuò nénglì tǐng qiáng de, nánguài lǎobǎn nàme zhòngyòng tā.
　彼は仕事がよくできるから、社長が重用するのもうなずける。

→ 你的文章写得<u>挺</u>有意思<u>的</u>，可以借我朋友看看吗?
　Nǐ de wénzhāng xiě de tǐng yǒu yìsi de, kěyǐ jiè wǒ péngyou kànkan ma?
　君の書いたものはなかなかおもしろいね。ちょっと友だちに見せてもいいかな。

■ 把 + Object + V + 过来　bǎ + Object + V + guòlái

この"把"構文では、"过来"はモノ「Object」が話し手の方向にやってくることを示しています。動詞は、「どのようにやってくるのか」という方法を示すものが用いられ、「なんらかの動作によってモノが話者のもとに来る」という意味になります。反対に、"把 + モノ + V + 过去"は、モノが話者から遠ざかっていくことをあらわします。

Subject	把	Object	V	过来
明天请你 Míngtiān qǐng nǐ 明日、資料を持ってきてください。	把 bǎ	资料 zīliào	带 dài	过来。 guòlái.
能不能请小王 Néng bu néng qǐng Xiǎo Wáng 王さんにファイルを取ってきてもらうことは可能ですか。	把 bǎ	档案 dàng'àn	拿 ná	过来? guòlái?
厂商已经 Chǎngshāng yǐjīng メーカーからはすでに先月の請求書が送られてきた。	把 bǎ	上个月的帐单 shànggè yuè de zhàngdān	寄 jì	过来了。 guòlái le.

Subject	把	Object	V	过去
我 Wǒ 私は車を運転して行きます。	把 bǎ	车子 chēzi	开 kāi	过去。 guòqù.
部长请你 Bùzhǎng qǐng nǐ 部長が会議の進行表を送ってほしいって。	把 bǎ	议程表 yìchéngbiǎo	寄 jì	过去。 guòqù.
营业部 Yíngyèbù 営業部はサンプルを速達で送った。	把 bǎ	样品 yàngpǐn	快递 kuàidì	过去了。 guòqù le.

实用会话 実用会話

PART 3
参展促销
展示会での説明 🎧 40

通信展示会の最終日の午後

客 客户 kèhù ユーザー　　周 周日发 Zhōu Rìfā 周日発

客：请问Magic 320跟Magic 310最大的区别[1]在哪里？
Qǐngwèn Magic sān èr líng gēn Magic sān yāo líng zuì dà de qūbié zài nǎli?

Magic320とMagic310の一番大きな違いは何ですか。

周：就功能而言，Magic 320的触控[2]功能比310灵敏[3]。在外型方面，跟Magic 310比起来，320比较轻巧[4]，更适合[5]商务人士使用。这是样品[6]，您要不要试试？
Jiù gōngnéng ér yán, Magic sān èr líng de chùkòng gōngnéng bǐ sān yāo líng língmǐn. Zài wàixíng fāngmiàn, gēn Magic sān yāo líng bǐ qǐlai, sān èr líng bǐjiào qīngqiǎo, gèng shìhé shāngwù rénshì shǐyòng. Zhè shì yàngpǐn, nǐ yào bu yào shìshi?

機能についていえば、Magic320はタッチパネルの反応が310よりかなり良くなっています。軽量化もされていますし、ビジネス用に適していると思います。こちらのサンプル機をお試しになりませんか。

客：我同事[7]也用Magic 310，我觉得很不错。320什么时候上市[8]? 卖多少钱？
Wǒ tóngshì yě yòng Magic sān yāo líng, wǒ juéde hěn búcuò. Sān èr líng shénme shíhou shàngshì? Mài duōshǎo qián?

同僚がMagic310を使っていて、いいなあと思っていたんです。320はいつ発売ですか。お値段は？

UNIT 8

单词 単語 🎧 41

1. 区别 qūbié n. 違い
2. 触控 chùkòng n. タッチコントロール
3. 灵敏 língmǐn adj. 鋭い、感度が高い
4. 轻巧 qīngqiǎo adj. 軽くて精巧だ
5. 适合 shìhé v. 適合する、当てはまる
6. 样品 yàngpǐn n. サンプル
7. 同事 tóngshì n. 同僚
8. 上市 shàngshì v. 市場に出回る

周：	Magic 320将⁹在九月一号上市，目前定价是一万五千块钱台币。 Magic sān èr líng jiāng zài jiǔyuè yī hào shàngshì, mùqián dìngjià shì yíwàn wǔqiān kuài qián táibì.	Magic320は9月1日発売になります。1万5000台湾ドルの予定です。
客：	我对你们的新手机挺有兴趣的，虽然价钱不太便宜。对了，你们有没有宣传单¹⁰？ Wǒ duì nǐmen de xīn shǒujī tǐng yǒu xìngqù de, suīrán jiàqián bú tài piányi. Duì le, nǐmen yǒu méiyǒu xuānchuándān?	新機種に興味はありますが、安くはないですよね。そうだ、チラシはありますか。
周：	这几天来问这款新手机的人很多，所以宣传单都被拿完了。 Zhè jǐ tiān lái wèn zhè kuǎn xīn shǒujī de rén hěn duō, suǒyǐ xuānchuándān dōu bèi náwán le.	ここ数日、新機種のお問い合せをたくさんいただきまして、チラシはすべてお配りしてしまいました。
客：	那有什么东西可以让我带回去参考¹¹？ Nà yǒu shénme dōngxi kěyǐ ràng wǒ dài huíqu cānkǎo?	ほかになにか、検討材料になるものはいただけないですか。
周：	这样好了，请您留下¹²您的姓名跟地址，我再寄给您Magic 320的宣传单跟其它资料。 Zhèyàng hǎo le, qǐng nín liúxià nín de xìngmíng gēn dìzhǐ, wǒ zài jì gěi nín Magic sān èr líng de xuānchuándān gēn qítā zīliào.	では、こうしましょう。お客様のお名前とご住所をいただいて、後ほどMagic320のチラシと資料をお送りします。
客：	没问题。 Méi wèntí.	わかりました。
周：	不好意思，没能给您宣传单。这个手机吊饰¹³是这次活动的赠品¹⁴，送给您。希望您以后来购买Magic 320。 Bù hǎoyìsi, méi néng gěi nín xuānchuándān. Zhège shǒujī diàoshì shì zhè cì huódòng de zèngpǐn, sòng gěi nín. Xīwàng nín yǐhòu lái gòumǎi Magic sān èr líng.	チラシをお渡しできなくて申し訳ありません。この携帯ストラップは今回のキャンペーングッズです。どうぞお持ちください。Magic320をよろしくお願いします。

单词　単語

9. 将 jiāng　*adv.* まもなく
10. 宣传单 xuānchuándān　*n.* チラシ
11. 参考 cānkǎo　*v.* 参考にする
12. 留下 liúxià　*v.* 残しておく
13. 吊饰 diàoshì　*n.* 携帯電話のストラップ
14. 赠品 zèngpǐn　*n.* 景品

实用会话 実用会話

语法 文法

■ 就~而言 jiù ~ ér yán

話し手が話題の中心としたいと思っている事柄を、先に提示する形式です。"就~而论""就~来说""就~来讲"とも言います。

→ 就内容而言，这份报告写得相当不错。
Jiù nèiróng ér yán, zhè fèn bàogào xiě de xiāngdāng búcuò.
内容に関して言えば、このレポートはかなりよく書けています。

→ 我们的新手机Smart 220，就价钱而言，比其他手机有竞争力。
Wǒmen de xīn shǒujī Smart èr èr líng, jiù jiàqián ér yán, bǐ qítā shǒujī yǒu jìngzhēnglì.
我が社の新機種Smart220は、価格の面では充分な競争力を持っています。

■ 将 jiāng

"将"は"会"と同じく、「これから~しようとする。~するであろう。~となるであろう。」というニュアンスで、未来のことを述べるときに使います。"将"は書面や改まった場面で多く用いられます。

→ 那部众人期盼的恐怖片将在七月上映。
Nà bù zhòngrén qīpàn de kǒngbùpiàn jiāng zài qīyuè shàngyìng.
みなさん期待のこのホラー映画は、まもなく7月公開です。

→ 明年的展销会将在东京举行。
Míngnián de zhǎnxiāohuì jiāng zài Dōngjīng jǔxíng.
来年の展示会は東京で開催されます。

■ 这样好了 zhèyàng hǎo le

"这样好了"（こうしましょう）は問題の解決方法を述べるときの慣用的な表現です。

→ 我这个星期没有空；这样好了，我们下周再找时间讨论。
Wǒ zhège xīngqī méiyǒu kòng; zhèyàng hǎo le, wǒmen xià zhōu zài zhǎo shíjiān tǎolùn.
今週は時間がないんです。こうしましょう。来週また時間を見つけて検討しましょう。

→ 今天王部长一整天都不在。这样好了，请你留下你的电话，我让他明天回电话给你。
Jīntiān Wáng bùzhǎng yì zhěng tiān dōu bú zài. Zhèyàng hǎo le, qǐng nǐ liúxià nǐ de diànhuà, wǒ ràng tā míngtiān huí diànhuà gěi nǐ.
本日、王は一日外出しております。いかがでしょうか、そちらのお電話番号をうかがって、明日、王からお電話差し上げるというのは。

単词补充 補充単語

展场大观园 展示会にて

展示会への出展や視察が出張の目的であることも多いでしょう。ここでは展示会会場でよく聞くことばと目にするものを集めました。

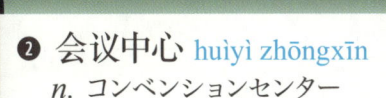

❶ **展览馆** zhǎnlǎnguǎn
n. 展示会会場

❷ **会议中心** huìyì zhōngxīn
n. コンベンションセンター

❸ **论坛** lùntán
n. フォーラム

❹ **研讨会** yántǎohuì
n. シンポジウム

❺ **发表会** fābiǎohuì
n. 発表会

❻ **会议厅** huìyìtīng
n. 会議室

❼ **售票处** shòupiàochù
n. チケット売り場

❽ **门票** ménpiào
n. 入場券、チケット

❾ **服务台** fúwùtái
n. サービスカウンター

❿ **舞台区** wǔtáiqū
n. ステージ

⓫ **展位** zhǎnwèi
n. ブース

⓬ **展台** zhǎntái
n. 展示台

⓭ **宣传画册** xuānchuán huàcè
n. カタログ

⓮ **宣传海报** xuānchuán hǎibào
n. ポスター

⓯ **展会模特儿** zhǎnhuì mótèr
n. コンパニオン

⓰ **展会解说员** zhǎnhuì jiěshuōyuán
n. 会場ガイド

职击现场　実践編

款待贵客　お客様をもてなす　43

杨　杨大伟　Yáng Dàwěi
方　方志中　Fāng Zhìzhōng
林　林美伦　Lín Měilún

傑生公司は台湾料理店を予約していた

杨： 菜色[1]真丰富[2]。
　　 Càisè zhēn fēngfù.

方： 杨总，您在德国[3]常有机会吃到中华料理[4]吗？
　　 Yáng zǒng, nín zài Déguó cháng yǒu jīhuì chīdào Zhōnghuá liàolǐ ma?

杨： 有是有，但是味道都差了些，所以我不常吃。我上次回北京也是一年前的事了，算一算，我有一年没吃到地道[5]的中华料理了。
　　 Yǒu shì yǒu, dànshì wèidào dōu chàle xiē, suǒyǐ wǒ bù cháng chī. Wǒ shàng cì huí Běijīng yě shì yì nián qián de shì le, suàn yí suàn, wǒ yǒu yì nián méi chīdào dìdào de Zhōnghuá liàolǐ le.

林： 杨总，您吃过台湾菜没有？
　　 Yáng zǒng, nín chīguo Táiwān cài méiyǒu?

杨： 我没吃过。听说台湾菜比较清淡[6]，有很多海鲜[7]料理，台湾小吃也很有名。
　　 Wǒ méi chīguo. Tīngshuō Táiwān cài bǐjiào qīngdàn, yǒu hěn duō hǎixiān liàolǐ, Táiwān xiǎochī yě hěn yǒumíng.

林： 我们今天为杨总准备了一些台湾特色[8]小菜[9]，像蚵仔面线[10]、菜脯蛋[11]、刈包[12]，希望杨总喜欢。
Wǒmen jīntiān wèi Yáng zǒng zhǔnbèile yìxiē Táiwān tèsè xiǎocài, xiàng ézǐ miànxiàn càifǔdàn guàbāo, xīwàng Yáng zǒng xǐhuan.

杨： 我很期待。晚上吃饱了，明天就可以好好做事了。
Wǒ hěn qīdài. Wǎnshang chībǎo le, míngtiān jiù kěyǐ hǎohāo zuò shì le.

方： 饭桌[13]上不谈生意[14]。杨总是第一次来台湾，我帮您安排了北台湾旅游。等工作结束后，再带杨总去玩玩。
Fànzhuō shang bù tán shēngyì. Yáng zǒng shì dì-yī cì lái Táiwān, wǒ bāng nín ānpáile běi-Táiwān lǚyóu. Děng gōngzuò jiéshù hòu, zài dài Yáng zǒng qù wánwan.

杨： 你们真是太客气了。
Nǐmen zhēnshì tài kèqi le.

林： 先别聊了，"吃饭皇帝[15]大"，大家先吃饭。
Xiān bié liáo le, "chīfàn huángdì dà", dàjiā xiān chīfàn.

杨： "吃饭皇帝大"是什么意思？
"Chīfàn huángdì dà" shì shénme yìsi?

方： 这是台湾的谚语[16]，意思是吃饭是最重要的事。在吃饭的时候，每个人都像皇帝一样大，有什么重要的事也要等吃完饭再说。
Zhè shì Táiwān de yànyǔ, yìsi shì chīfàn shì zuì zhòngyào de shì. Zài chīfàn de shíhou, měi ge rén dōu xiàng huángdì yíyàng dà, yǒu shénme zhòngyào de shì yě yào děng chīwán fàn zài shuō.

杨： 原来是这样。大家请用！
Yuánlái shì zhèyàng. Dàjiā qǐng yòng!

比較的フォーマルな宴会の場合、ホスト役が"请用""请慢用"などと言って、客に食事の開始を合図します。大皿から料理を取ってあげるときにも"请用"と言って渡します。

职击现场 実践編

日文翻译 日本語訳

杨 たくさん料理がありますね。

方 楊総経理はドイツでもよく中華料理を召し上がっていらしたのですか。

杨 食べてはいましたが、味が少し落ちるので、それほど食べていないな。この前北京に帰ったのが1年前ですから、考えてみたら1年間本場の中華料理を食べていません。

林 総経理、台湾料理を召し上がったことはありますか。

杨 ないですね。台湾料理はあっさりしていて、海鮮料理が多いと聞いています。シャオチー（小吃）も有名ですよね。

林 今日は社長のために台湾の名物料理をご用意しました。カキ入り台湾風そうめんに、干し大根のオムレツ、豚の角煮が入った台湾風ハンバーガーです。お口に合うといいのですが。

杨 楽しみですね。おなかいっぱい食べたら、明日の仕事もはかどります。

方 食事の席では仕事の話はなしですよ。総経理は台湾へいらっしゃるのは初めてですので、北部をご案内する手配をしました。仕事が終わったらご案内しますよ。

杨 本当にご配慮ありがとうございます。

林 おしゃべりはこのくらいにして、「食べるときは誰もが皇帝より偉い」ですから、いただきましょうよ。

杨 「食べるときは誰もが皇帝より偉い」とはどういう意味ですか。

方 台湾のことわざで、食べることが一番大切だという意味です。食事のときは、だれもが皇帝のように偉大な人物なのです。どんな重要事項であっても、食事が済んでからでないと手を付けませんよ。

杨 なるほど。じゃあ、食べましょう！

单词 単語

1. 菜色 càisè *n.* 料理、メニュー
2. 丰富 fēngfù *adj.* 豊富である
3. 德国 Déguó *n.* ドイツ
4. 料理 liàolǐ *n.* 料理
5. 地道 dìdào *adj.* 本物である
6. 清淡 qīngdàn *adj.* あっさりしている
7. 海鲜 hǎixiān *n.* シーフード
8. 特色 tèsè *n.* 特色
9. 小菜 xiǎocài *n.* そうざい、おかず
10. 蚵仔面线 ézǐ miànxiàn *n.* カキ入り台湾風そうめん
11. 菜脯蛋 càifǔdàn *n.* 干し大根のオムレツ
12. 刈包 guàbāo *n.* 台湾風ハンバーガー（"刈 guà"は台湾での発音です。）
13. 饭桌 fànzhuō *n.* 食卓
14. 谈生意 tán shēngyì 商談をする
    生意 shēngyì *n.* 商い、ビジネス
15. 皇帝 huángdì *n.* 皇帝
16. 谚语 yànyǔ *n.* ことわざ

语法　文法

■ ～是～，但是～　~ shì ~, dànshì ~

「～と言えば言えるけれども、しかし～」。"虽然～可是～"の呼応表現と似ています。"是"の前後で繰り返して用いる動詞や形容詞などには"很"や"非常"のような副詞をつけてはいけません。例えば"那部手机很好看是很好看，可是不好用。"という文は誤りです。

→ 他做过的工作多是多，但是每个工作时间都不长。
　　Tā zuòguo de gōngzuò duō shì duō, dànshì měi ge gōngzuò shíjiān dōu bù cháng.
　　彼はさまざまな仕事を経験してはいるが、どれも長続きしていない。

→ 对于你的报告，我懂是懂，可还是有一些问题想问你。
　　Duìyú nǐ de bàogào, wǒ dǒng shì dǒng, kě háishì yǒu yìxiē wèntí xiǎng wèn nǐ.
　　報告については一応理解できましたが、ちょっとお聞きしたいことがあります。

→ 这次展会去是去，但不是代表公司。
　　Zhè cì zhǎnhuì qù shì qù, dàn bú shì dàibiǎo gōngsī.
　　今回展示会にはいきますが、会社を代表してではありません。

■ V 过(O)没有　V guo (O) méiyǒu

"V 过没有"は「～したことはありますか」と過去の経験を尋ねます。目的語がある場合は"过"と"没有"の間に置き、"V 过 O 没有"となります。"V 过 (O) 吗?"と言うこともできます。

→ 你看过这部电影没有？
　　Nǐ kànguo zhè bù diànyǐng méiyǒu?
　　この映画を観たことはありますか。

→ 张主任拜访过那家公司没有？
　　Zhāng zhǔrèn bàifǎngguo nà jiā gōngsī méiyǒu?
　　張主任は、あの会社を訪問されたことはありますか。

■ 等～再～　děng ~ zài ~

「～が終わってから～する」。前の動詞(句)の動作が完全に終わってから、後ろの動詞(句)の動作に移ることをあらわします。

→ 等你回来我们再出去吃午饭。
　　Děng nǐ huílai wǒmen zài chūqù chī wǔfàn.
　　あなたが帰ってきたら、昼ご飯に行きます。

→ 我现在不在中国，有什么事等我回国再讨论。
　　Wǒ xiànzài bú zài Zhōngguó, yǒu shénme shì děng wǒ huí guó zài tǎolùn.
　　私は現在、中国におりませんので、戻ってからまたお話しましょう。

职击现场 実践編

公司资料　会社案内

はじめての相手と商談するときには、自分の会社について概要を説明する必要が出てきます。以下の文型にあてはめて、簡単に紹介できるようにしましょう。

1 会社沿革

<u>(公司名称)</u> 是一家 <u>(产业类别)</u> 的企业，成立于 <u>(年)</u>，由 <u>(创办人)</u> 创立。
<u>(gōngsī míngchēng)</u> shì yì jiā <u>(chǎnyè lèibié)</u> de qǐyè, chénglì yú <u>(nián)</u>, yóu <u>(chuàngbànrén)</u> chuànglì.
(社名)は (業種)の企業です。××年に ○○ (創業者名)が創業しました。

<u>乐活公司</u>是一家<u>制药生物科技</u>的企业，成立于<u>一九八三年</u>，由<u>颜太凯先生</u>创立。
<u>Lèhuó Gōngsī</u> shì yì jiā <u>zhìyào shēngwù kējì</u> de qǐyè, chénglì yú <u>yī jiǔ bā sān nián</u>, yóu <u>Yán Tàikǎi xiānsheng</u> chuànglì.
楽活公司は、製薬バイオテクノロジー企業です。1983年に顔太凱が創業しました。

---

2 社員数

目前 <u>(公司名称)</u> 有 <u>(数字)</u> 名 <u>(以上的)</u> 员工。
Mùqián <u>(gōngsī míngchēng)</u> yǒu <u>(shùzì)</u> míng <u>(yǐshàng de)</u> yuángōng.
現在、(社名)には、××人 (以上)の社員がおります。

目前<u>春姿服装公司</u>有<u>八千五百</u>名<u>以上的</u>员工。
Mùqián <u>Chūnzī Fúzhuāng Gōngsī</u> yǒu <u>bāqiān wǔbǎi</u> míng <u>yǐshàng de</u> yuángōng.
現在、春姿服装公司には、8500人以上の社員がおります。

---

3 所在地

<u>(公司名称)</u> 的总部设在 <u>(国家/城市名)</u>。并在其它国家设有 <u>(数量)</u> 家 <u>(分公司/分行/分店)</u>。
<u>(gōngsī míngchēng)</u> de zǒngbù shè zài <u>(guójiā/ chéngshì míng)</u>. Bìng zài qítā guójiā shè yǒu <u>(shùliàng)</u> jiā <u>(fēn gōngsī/ fēnháng/ fēndiàn)</u>.
(社名)の本社は、(国名／都市名)にあります。海外に支社 (支店)が××社あります。

<u>东方银行</u>的总部设在<u>台湾台北</u>，并在其它国家设有<u>两百二十八家分行与办事处</u>。
<u>Dōngfāng Yínháng</u> de zǒngbù shè zài <u>Táiwān Táiběi</u>, bìng zài qítā guójiā shè yǒu <u>liǎngbǎi èrshíbā jiā fēnháng yǔ bànshìchù</u>.
東方銀行の本部は台湾の台北にあります。海外に228の支店と事務所があります。

---

4 取扱い商品・サービス

我们为 <u>(目标消费者)</u> 推出 <u>(产品特色)</u> 的 <u>(产品名称)</u>。
Wǒmen wèi <u>(mùbiāo xiāofèizhě)</u> tuīchū <u>(chǎnpǐn tèsè)</u> de <u>(chǎnpǐn míngchēng)</u>.
我が社は○○向けに△△という特徴を持った (商品名)を提供しています。

我们为<u>单身女性</u>推出<u>饭店式管理的小豪宅</u>。
Wǒmen wèi <u>dānshēn nǚxìng</u> tuīchū <u>fàndiànshì guǎnlǐ de xiǎo háozhái</u>.
我が社は、独身女性向けにサービスアパートメントの販売をしています。

UNIT 8

文化補充　ビジネススクール

送礼的礼仪
贈り物の流儀

　贈り物の値段は、贈る人と贈られる人との関係、受け取る側の立場などによって相場が変わってきますが、現金やあまりに高級なものは、別の意図があるのかと疑われる可能性がありますので避けましょう。そして、品物の値段に関わらず、値札は必ずはずしましょう。値札を貼ったままにすると、相手をそれくらいの価値と見ている、あるいは値段にあった見返りを期待していると受け取られます。包装がきれいなのは当然ですが、むやみに豪華にする必要はありません。

　集団の誰か一人に贈り物をするというのは、あまり適切ではありません。受け取った人は賄賂をもらったように感じるかもしれませんし、もらえなかった人たちは、冷遇された、無視されたと思うかもしれません。ただし、グループのトップにだけ贈り物をするというのはありえます。予算が限られていて、全員に渡すのが無理な場合は、タイミングを見計らって個人的に渡しましょう。外国の企業を訪問するときは、自国の名産品を、相手企業の関わりのある人に対して贈るのが一般的です。

　贈り物を渡すときはにこやかな態度を心がけましょう。カバンや部屋の中などにそっと置いてくるようなことはすべきではありません。手渡すときに、相手への気遣いや感謝の気持ちを示すことは必要ですが、品物の現実的な価値を強調するのはやめましょう。贈り物の評価を下げすぎるのも、貴重さを延々と説明するのもどちらも考えものです。

UNIT 8

文化補充　ビジネススクール

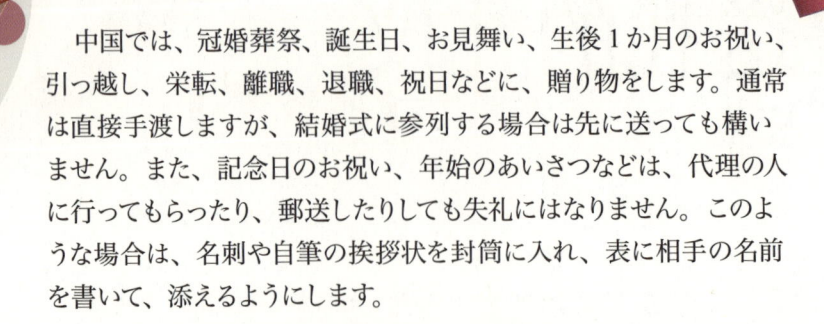

　中国では、冠婚葬祭、誕生日、お見舞い、生後1か月のお祝い、引っ越し、栄転、離職、退職、祝日などに、贈り物をします。通常は直接手渡しますが、結婚式に参列する場合は先に送っても構いません。また、記念日のお祝い、年始のあいさつなどは、代理の人に行ってもらったり、郵送したりしても失礼にはなりません。このような場合は、名刺や自筆の挨拶状を封筒に入れ、表に相手の名前を書いて、添えるようにします。

　中国人への贈り物は、偶数にすることを心がけましょう。ただし、「四」は不吉なイメージがありますので避けます。色に関しては、中国人にとって、白は葬儀、黒は災いの色ですので、めでたさ、楽しさを象徴する赤を選ぶようにしましょう。

　中国人に贈ってはいけないものに、置き時計、扇子、刃物、ハンカチなどがあります。"送钟 sòng zhōng"（置き時計を送る）は"送终 sòngzhōng"（死を看取る）と同音のため、扇子は、"扇 shàn"の音が、「離れる」を意味する"散 sàn"の音と近いためです。刃物は中国では欲望や相手との断絶を象徴するものです。また、ハンカチは、葬儀のあとで、喪主から参列者に送ったり、死者のものを吊すときに使ったりするものなので、絶交を意味します。これらの品は不吉を代表するものなので、贈り物の際には十分気を付ける必要があります。

　また、よほど親しい間柄でない限り、取引先の男性にネクタイやベルトを贈るのはやめましょう。取引先の女性に対してネックレスや指輪を贈るのも考えものです。こういった身につける品を贈るのは、個人的な好意を示すことに繋がりますので、仕事上の贈り物にはふさわしくありません。

UNIT 9
谈判与签约

交渉と契約

ビジネスにおいて交渉はとても重要です。交渉が合意に達したら、契約に入ります。当 Unit では、交渉と契約においてよく使用する語句や会話を中心に学び、「ビジネススクール」では、まさに交渉と契約の現場といえる、中国、香港、台湾の展示会を紹介します。

产品供应链 製品供給の流れ

生产 shēngchǎn 生産

❶ 供应 gōngyìng
n./v. 供給（する）

❷ 原料厂商 yuánliào chǎngshāng
n. 原料メーカー

❸ 供应商 gōngyìngshāng
n. サプライヤー

❹ 制造 zhìzào
n./v. 製造（する）

❺ 制造商 zhìzàoshāng
n. 製造業者

❻ 生产商 shēngchǎnshāng
n. 生産業者

❼ 代工生产 dàigōng shēngchǎn
v. 代理製造（する）

❽ 代工厂 dàigōngchǎng
n. 代理製造業

销售 xiāoshòu 販売

❾ 经销商
jīngxiāoshāng
n. 代理販売業者、取次販売(を行う)業者

❿ 进口
jìnkǒu
n./v. 輸入(する)

⓫ 出口
chūkǒu
n./v. 輸出(する)

⓬ 批发商
pīfāshāng
n. 卸売り業者

⓭ 经纪人
jīngjìrén
n. 仲買い人、仲介業者

⓮ 零售商
língshòushāng
n. 小売り業者

⓯ 买卖
mǎimài
n./v. 売買(する)

⓰ 消费者
xiāofèizhě
n. 消費者

UNIT 9

必备句 常用フレーズ

谈判签约 契約の交渉

Ⅰ 讲价 価格交渉

买方 Mǎifāng 買い手　　卖方 Màifāng 売り手

要求折扣◆割引交渉

买方 你们可以把价钱降低一点吗？
Nǐmen kěyǐ bǎ jiàqián jiàngdī yìdiǎn ma?
もう少し安くしていただけませんか。

(受け入れる)
卖方 好吧，我想我们可以降低价格。
Hǎo ba, wǒ xiǎng wǒmen kěyǐ jiàngdī jiàgé.
いいでしょう。安くできると思います。

(受け入れない)
卖方 不好意思，我们恐怕无法接受你们的要求。
Bù hǎoyìsi, wǒmen kǒngpà wúfǎ jiēshòu nǐmen de yāoqiú.
申し訳ございません。ご要望にお応えすることができません。

商谈◆交渉

买方 这个价格超出了我们的预算。
Zhège jiàgé chāochūle wǒmen de yùsuàn.
この価格では弊社の予算を上回ります。

(交渉に応えない)
卖方 这已经是我们能提供的最好的价钱了。
Zhè yǐjīng shì wǒmen néng tígōng de zuì hǎo de jiàqián le.
これは弊社で提供できる一番手ごろな価格です。

(交渉に応える)
卖方 你们的预算是多少？或许我们各退一步，再商量商量。
Nǐmen de yùsuàn shì duōshǎo? Huòxǔ wǒmen gè tuì yí bù, zài shāngliang shāngliang.
御社の予算はおいくらぐらいでしょうか。お互いに一歩ずつ譲歩して検討しましょう。

UNIT 9

II 订货　注文する

一般情况◆一般編

请问最低的订货量必须是多少？
Qǐngwèn zuì dī de dìnghuòliàng bìxū shì duōshǎo?
最低注文量はどれくらいですか。

订单确认后，就可以安排出货日期。
Dìngdān quèrèn hòu, jiù kěyǐ ānpái chūhuò rìqī.
発注書を確認次第、出荷期日を手配いたします。

进阶情况◆上級編

如果给我更好的附加条件，我就下单。
Rúguǒ gěi wǒ gèng hǎo de fùjiā tiáojiàn, wǒ jiù xiàdān.
もっと良い条件を加えていただけましたら、すぐに発注いたします。

可以增加订货量吗？不然我们毫无利润可言。
Kěyǐ zēngjiā dìnghuòliàng ma? Bùrán wǒmen háo wú lìrùn kě yán.
発注量を増やせませんか。そうでなければ弊社は利益が取れません。

III 签定合约　契約書に署名する

签约前◆契約前

合约是一式两份，还是一式三份？
Héyuē shì yí shì liǎng fèn, háishì yí shì sān fèn?
契約書は同じものが2部必要ですか。それとも3部必要ですか。

签约时◆契約時

我已经核对过合约了，这些交易条款和条件都没有问题。
Wǒ yǐjīng héduì guo héyuē le, zhèxiē jiāoyì tiáokuǎn hé tiáojiàn dōu méiyǒu wèntí.
契約書を確認いたしました。契約の取引項目、条件ともに問題ございません。

签约后◆契約後

我相信这份合约能保障我们的合作关系。
Wǒ xiāngxìn zhè fèn héyuē néng bǎozhàng wǒmen de hézuò guānxi.
この契約が我々の協力関係を保障してくれるものと信じております。

UNIT 9

实用会话 実用会話

谈判高手 交渉の達人

PART 1
采购与议价
仕入れと価格交渉 🔊48

電話で 陈 陈鸿 Chén Hóng 陳鴻　吕 吕安妮 Lǚ Ānní 呂安妮

陈:	关于贵公司购买主板[1]的报价单[2]，您收到了吗？ Guānyú guì gōngsī gòumǎi zhǔbǎn de bàojiàdān, nín shōudào le ma?	マザーボードの購入に関する弊社からの見積書、届きましたでしょうか。
吕:	收到了。不过价格超出我们的预算，可以再低一些吗？ Shōudào le. Búguò jiàgé chāochū wǒmen de yùsuàn, kěyǐ zài dī yìxiē ma?	はい、受け取りました。しかし、見積価格が弊社の予算を上回るので、もう少し安くすることはできないでしょうか？
陈:	恐怕没办法。贵公司这次的用料[3]成本比较高，成品价格会比上一批[4]贵。 Kǒngpà méi bànfǎ. Guì gōngsī zhè cì de yòngliào chéngběn bǐjiào gāo, chéngpǐn jiàgé huì bǐ shàng yì pī guì.	残念ですが、それはいたしかねます。今回、御社の使用する材料は割高ですので、製品も前回より高くなります。
吕:	上次也是换了原料，但总价并没有贵太多。 Shàng cì yě shì huànle yuánliào, dàn zǒngjià bìng méiyǒu guì tài duō.	前回も原料を換えましたが、合計金額ではそれほど高くはなかったと存じますが。

单词 単語 🔊49

1. **主板** zhǔbǎn
   n. マザーボード
2. **报价单** bàojiàdān n. 見積書、オファーシート
3. **用料** yòngliào n. 材料
4. **批** pī
   m. 一回分、ひとまとめにしたものを数える

陈: 贵公司上次的订单是这次的三倍，**单价**[5]当然**相对**[6]便宜。这次的订货量太少，要是再**降价**[7]，我们就没有利润了。

Guì gōngsī shàng cì de dìngdān shì zhè cì de sān bèi, dānjià dāngrán xiāngduì piányi. Zhè cì de dìnghuò liàng tài shǎo, yàoshi zài jiàngjià, wǒmen jiù méiyǒu lìrùn le.

前回の発注量は、今回の3倍でしたので、単価はかなりお安くなっていました。しかし、今回はご注文の量が少ないので、もし更に値引きいたしますと、弊社の利益がなくなってしまいます。

吕: 据我所知，贵公司也想和我们长期合作。如果你们能提供更好的条件，我就马上下单。

Jù wǒ suǒ zhī, guì gōngsī yě xiǎng hé wǒmen chángqī hézuò. Rúguǒ nǐmen néng tígōng gèng hǎo de tiáojiàn, wǒ jiù mǎshàng xiàdān.

私の知る限り、御社も弊社と長期的な提携を望んでいるはずです。もし、もっと良い条件を提示していただけるなら、すぐにでも発注するつもりです。

陈: **除非**贵公司再追加总订单量，**否则**这已经是最好的价格了。

Chúfēi guì gōngsī zài zhuījiā zǒng dìngdān liàng, fǒuzé zhè yǐjīng shì zuì hǎo de jiàgé le.

大変申し訳ございませんが、御社に発注量を増やしていただかない限り、これが一番妥当な価格ではないかと存じます。

吕: 这样好了，我们再**加购**[8]五万组的**声卡**[9]，您多给我们百分之五的折扣，怎么样？

Zhèyàng hǎo le, wǒmen zài jiāgòu wǔwàn zǔ de shēngkǎ, nín duō gěi wǒmen bǎi fēn zhī wǔ de zhékòu, zěnmeyàng?

ではこうしませんか。サウンドカードを5万追加購入いたしますので、5％割引きにしていただけないでしょうか。

陈: **既然**这样……。好，我就再给您一份新的**估价单**[10]。

Jìrán zhèyàng…. Hǎo, wǒ jiù zài gěi nín yí fèn xīn de gūjiàdān.

そういうことでしたら、……承知しました。では改めて新しい見積書を送らせていただきます。

单词 単語

5. 单价 dānjià *n.* 単価
6. 相对 xiāngduì *adv.* 比較的
7. 降价 jiàngjià *v.* 値引き、減価
8. 加购 jiāgòu *v.* 追加購入する、追加発注する
9. 声卡 shēngkǎ *n.* サウンドカード
10. 估价单 gūjiàdān *n.* 見積書

实用会话 実用会話

语法 文法

■ 除非～否则～　chúfēi ~ fǒuzé ~

「～ない限り～だろう」。"除非"の後に条件を提示し、それを満たさないと、"否则"の後の状態が発生します。"否则"は、"要不然"に置き換えることができますが、"要不然"を使用する場合、後につづく文は否定文でなければなりません。

➡ **除非**你一次付清，**否则**我不能给你五折的价钱。

  Chúfēi nǐ yí cì fùqīng, fǒuzé wǒ bù néng gěi nǐ wǔ zhé de jiàqián.
  一括払いしていただかない限り、こちらも半額で提供することはできません。

➡ **除非**我们大量进货，**要不然**成本还是压不下来。

  Chúfēi wǒmen dàliàng jìnhuò, yàoburán chéngběn háishì yā bú xiàlái.
  大量に仕入れなければ、コストを抑えることができない。

■ 既然　jìrán

"既然"は副詞で、話し手と聞き手がともに認識している前提や状態を提示し、後文に"就"を用いて提案や予測などの文を続けます。

➡ **既然**你觉得我们的报价太贵，你可以去问问其他公司的价钱。

  Jìrán nǐ juéde wǒmen de bàojià tài guì, nǐ kěyǐ qù wènwen qítā gōngsī de jiàqián.
  弊社の見積もりが高いというお考えならば、他社にも価格を聞いてみて下さい。

➡ **既然**那家公司已经不招聘新人了，你就快点把简历投到其他公司吧。

  Jìrán nà jiā gōngsī yǐjīng bù zhāopìn xīnrén le, nǐ jiù kuàidiǎn bǎ jiǎnlì tóu dào qítā gōngsī ba.
  あの会社が新入社員を募集しないなら、早くほかの会社へ履歴書を出した方がいいよ。

PART 2
下单与付款

発注と支払い 50

电话で　陈 陈鸿 Chén Hóng 陳鴻　吕 吕安妮 Lǚ Ānnī 呂安妮

陈： 再跟您确认贵公司的订单，是八万组的A603 主板和五万组的 J909 声卡，要在八月底出货。

Zài gēn nín quèrèn guì gōngsī de dìngdān, shì bāwàn zǔ de A liù líng sān zhǔbǎn hé wǔwàn zǔ de J jiǔ líng jiǔ shēngkǎ, yào zài bāyuè dǐ chūhuò.

もう一度御社からの発注書の内容を確認させていただきます。A603のマザーボードを8万、並びにJ909のサウンドカードを5万、以上の品を8月末までに出荷ということでよろしいでしょうか。

吕： 什么！我以为是八月中旬出货[1]呢。

Shénme! Wǒ yǐwéi shì bāyuè zhōngxún chūhuò ne.

えっ。8月中旬には出荷していただけるのかと思ったんですが……。

陈： 要在八月中旬出八万组，对我们来说有困难。最近工厂的生产线[2]在赶一批六月底要出的货，所以没办法同时完成贵公司的订单。

Yào zài bāyuè zhōngxún chū bāwàn zǔ, duì wǒmen lái shuō yǒu kùnnán. Zuìjìn gōngchǎng de shēngchǎnxiàn zài gǎn yì pī liùyuè dǐ yào chū de huò, suǒyǐ méi bànfǎ tóngshí wánchéng guì gōngsī de dìngdān.

大変申し訳ございませんが、8月中旬に8万もの量を出荷するのは、少し難しいです。このところ弊社工場の生産ラインでは、6月末までに出荷しなくてはならない製品があるため、同時に御社の注文を完成させることができないのです。

吕： 这样我们会赶不上上市的进度，能不能在八月中旬先给我一半的货，剩下的在一个月内补齐？

Zhèyàng wǒmen huì gǎn bu shàng shàngshì de jìndù, néng bu néng zài bāyuè zhōngxún xiān gěi wǒ yíbàn de huò, shèngxià de zài yí ge yuè nèi bǔqí?

そうなりますと、弊社も製品の発売日に間に合わなくなります。では、8月中旬に先に半分の量を出荷していただき、残りを1ヶ月以内に全てそろえるというのは可能でしょうか。

单词 単語 51

1. 出货 chūhuò v. 出荷する
2. 生产线 shēngchǎnxiàn n. 生産ライン

实用会话 実用会話

陈: 贵公司是老客户，我们可以先赶一半的货给您，不过**货款**[3]必须在第一批货**交货**[4]前，先预付百分之五十，**余额**[5]**按**合约规定须在三个月内分期**付清**[6]。
Guì gōngsī shì lǎo kèhù, wǒmen kěyǐ xiān gǎn yíbàn de huò gěi nín, búguò huòkuǎn bìxū zài dì-yī pī huò jiāohuò qián, xiān yùfù bǎi fēn zhī wǔshí, yú'é àn héyuē guīdìng xū zài sān ge yuè nèi fēnqī fùqīng.

御社とは長いお付き合いですから、では先に半分の量を納品いたします。ただ、お支払いですが、1回目の納品の前に、先に全額の半分を、残額分は、契約に従って3ヶ月以内の分割払いでお願いします。

吕: 没问题。**至于**货款的利率还是一样吗?
Méi wèntí. Zhìyú huòkuǎn de lìlǜ háishì yíyàng ma?

わかりました。代金についてですが、利率はこれまでと同じでしょうか。

陈: 是的。请问付款的方式是用支票还是银行**汇款**[7]?
Shì de. Qǐngwèn fùkuǎn de fāngshì shì yòng zhīpiào háishì yínháng huìkuǎn?

はい、変わりません。支払い方法は、小切手になりますか? それとも銀行振り込みでしょうか。

吕: **老规矩**[8]，预付款用支票**支付**[9]，余额用银行电汇付款。
Lǎo guīju, yùfùkuǎn yòng zhīpiào zhīfù, yú'é yòng yínháng diànhuì fùkuǎn.

今まで通り前払い金は小切手で、残額分は銀行振り込みです。

单词 単語

3. 货款 huòkuǎn *n.* 代金
4. 交货 jiāohuò *v.* 納品する
5. 余额 yú'é *n.* 残額
6. 付清 fùqīng *v.* 清算する
7. 汇款 huìkuǎn *v.* 銀行振り込み
8. 老规矩 lǎo guīju 今まで通り
9. 支付 zhīfù *v.* 〜で支払う

语法　文法

■ 按　àn

「〜によって」「〜に基づいて」。動作の手段を表すときに使われます。

→ 这家餐厅是**按**人数收费的，一个人三百块钱。
Zhè jiā cāntīng shì àn rénshù shōufèi de, yí ge rén sānbǎi kuài qián.
このレストランは一人あたり三百元と、人数で代金を徴収しています。

→ 营业部的年终奖金是**按**一整年的业绩发放的，所以业绩越好，奖金越多。
Yíngyèbù de niánzhōng jiǎngjīn shì àn yì zhěng nián de yèjì fāfàng de, suǒyǐ yèjì yuè hǎo, jiǎngjīn yuè duō.
営業部の年末ボーナスは、一年間の業績によって支給されるので、業績が良ければボーナスもアップします。

■ 至于　zhìyú

"至于"は、話題を変えるときに使う接続詞ですが、新しい話題は、元の話題と関連がある事柄でなければなりません。

→ 我知道老板今天出差回来，**至于**几点到，我就不太清楚了。
Wǒ zhīdào lǎobǎn jīntiān chūchāi huílai, zhìyú jǐ diǎn dào, wǒ jiù bú tài qīngchu le.
本日、社長が出張から戻ってくるのは存じていますが、何時に到着するかについては、よくわかりません。

→ 他在工作上的表现一直都很好，**至于**人际关系，我想他得多学习跟别人一起合作。
Tā zài gōngzuò shang de biǎoxiàn yìzhí dōu hěn hǎo, zhìyú rénjì guānxi, wǒ xiǎng tā děi duō xuéxí gēn biéren yìqǐ hézuò.
彼の仕事ぶりについては言うことないのですが、人間関係については、もう少し「だれかと協力する」という点を学ぶべきだと思います。

UNIT 9

111

实用会话 実用会話

PART 3
包装与运送
包装と輸送 🔊 52

電話で 陈 陈鸿 Chén Hóng 陳鴻 吕 吕安妮 Lǚ Ānnī 呂安妮

吕： 我希望能在这批主板与声卡的气泡纸[1]上，加印[2]我们公司的商标[3]，加强宣传。
Wǒ xīwàng néng zài zhè pī zhǔbǎn yǔ shēngkǎ de qìpàozhǐ shang, jiā yìn wǒmen gōngsī de shāngbiāo, jiāqiáng xuānchuán.

宣伝強化として、今回のマザーボードとサウンドカードを包むエアーキャップに、弊社のロゴを印刷していただきたいのですが。

陈： 改变包装[4]会增收[5]费用[6]，你们可以接受吗？
Gǎibiàn bāozhuāng huì zēngshōu fèiyòng, nǐmen kěyǐ jiēshòu ma?

パッケージを変えますと費用が追加されますが、よろしいですか。

吕： 不能请包装厂自付[7]吗？我记得去年有类似的[8]包装需求都是免费的。
Bù néng qǐng bāozhuāngchǎng zìfù ma? Wǒ jìde qùnián yǒu lèisì de bāozhuāng xūqiú dōu shì miǎnfèi de.

包装業者の方で負担していただくことはできませんか。去年、似たような包装要望を出したときは、無料でした。

陈： 最近国际原材料[9]上涨，所有成本都增加了，请您多体谅[10]。
Zuìjìn guójì yuán-cáiliào shàngzhǎng, suǒyǒu chéngběn dōu zēngjiā le. Qǐng nín duō tǐliàng.

最近、国際原料の値上がりによって全てのコストが増加しているので、何卒ご理解いただければと存じます。

单词 単語 🔊 53

1. 气泡纸 qìpàozhǐ
   n. エアーキャップ、気泡シート
2. 加印 jiā yìn 印刷を追加する
3. 商标 shāngbiāo n. 商標、ロゴマーク
4. 包装 bāozhuāng n. 包装、パッケージ
5. 增收 zēngshōu v. 追加徴収する
6. 费用 fèiyòng n. 費用
7. 自付 zìfù
   v. 自腹を切る、自弁する、自己負担する
8. 类似的 lèisì de
   adj. 〜に似ている、〜に似た
9. 原材料 yuán-cáiliào n. 原料
10. 体谅 tǐliàng v. 理解する

吕: 好吧。下午我会把商标**图档**[11]传过去，增加的费用请再开报价单给我。
Hǎo ba. Xiàwǔ wǒ huì bǎ shāngbiāo túdàng chuán guòqù, zēngjiā de fèiyòng qǐng zài kāi bàojiàdān gěi wǒ.

わかりました。午後、ロゴの画像データを送りますので、追加の費用については改めて見積書を送って下さい。

陈: 谢谢吕经理。至于运送方式，贵公司打算**采用**[12]哪种方法？
Xièxie Lǚ jīnglǐ. Zhìyú yùnsòng fāngshì, guì gōngsī dǎsuan cǎiyòng nǎ zhǒng fāngfǎ?

ありがとうございます、呂マネージャー。では輸送に関してですが、どのような方法になさいますか。

吕: 先用**空运**[13]寄四万组的主板跟两万五千组的声卡，**其余**[14]的用**海运**[15]。
Xiān yòng kōngyùn jì sìwàn zǔ de zhǔbǎn gēn liǎngwàn wǔqiān zǔ de shēngkǎ, qíyú de yòng hǎiyùn.

マザーボード4万とサウンドカード2万5000は航空便で、残りは船便にして下さい。

陈: 好，我记下来了。也提醒您，气泡纸的**样本**[16]后天就会做好；做好后，我会再跟你们的营业部门**联系**[17]。
Hǎo, wǒ jì xiàlái le. Yě tíxǐng nín, qìpàozhǐ de yàngběn hòutiān jiù huì zuò hǎo; zuò hǎo hòu, wǒ huì zài gēn nǐmen de yíngyè bùmén liánxì.

わかりました。では、一点お知らせがございます。エアーキャップの見本は、明後日出来上がりますので、完成次第、御社営業部の方に連絡いたします。

吕: 我会**吩咐**[18]他们注意的。
Wǒ huì fēnfù tāmen zhùyì de.

承知しました。では御社からの連絡を待つように、と彼らに指示いたします。

单词 単語

11. 图档 túdàng
    n. 画像ファイル、イメージファイル
12. 采用 cǎiyòng
    v. 採用する、使用する、取り入れる
13. 空运 kōngyùn n. 航空便
14. 其余 qíyú n. その他、残り
15. 海运 hǎiyùn n. 船便
16. 样本 yàngběn n. サンプル、見本、試供品
17. 联系 liánxì v. 連絡する
18. 吩咐 fēnfù v.（人）に～を指示する

实用会话 実用会話

语法 文法

■ **不能~吗?** bù néng ~ ma?

"不能~吗？"は"能~吗？"と同様、「~しませんか」「~できますか」と可能性を尋ねる表現です。ただし、"不能~吗？"のほうが、やや語気が強く、話し手が肯定の返事を期待している場合に使われます。

→ 都快下班了，**不能**明天再开会**吗**？
　Dōu kuài xiàbān le, bù néng míngtiān zài kāihuì ma?
　もう退社時間です。会議は明日にしませんか。

→ 这个案子很急，设计公司**不能**今天给我们报价单**吗**？
　Zhège ànzi hěn jí, shèjì gōngsī bù néng jīntiān gěi wǒmen bàojiàdān ma?
　これはとても急いでいる案件です。設計会社から今日中に見積書をもらえないでしょうか。

→ 明天**能**给我回复**吗**？
　Míngtiān néng gěi wǒ huífù ma?
　明日お返事いただけますか。

■ **V下来** V xiàlái

"V下来"の"下来"は、動作の完了を表すもので、"走下来"(歩いて下りてきた)のように方向性を示すのではありません。"V下来"は、動作が完了したこと、または完了した状態が持続していることを示します。

→ 我把主任在会议中说的话写**下来**。
　Wǒ bǎ zhǔrèn zài huìyì zhōng shuō de huà xiě xiàlái.
　主任が会議で言ったことを書きとめる。

→ 你不想用相机把这美丽的风景拍**下来**吗？
　Nǐ bù xiǎng yòng xiàngjī bǎ zhè měilì de fēngjǐng pāi xiàlái ma?
　カメラを使ってこの美しい風景を残したいと思いませんか。

单词补充　補充単語 🔊 54

❶ 大量生产（批量生产）
dàliàng shēngchǎn
(pīliàng shēngchǎn)
n. 大量生産（量産）

❷ 原始设备制造商
yuánshǐ shèbèi zhìzàoshāng
n. 外部受託製造業者 (OEM)

❸ 原始设计制造商
yuánshǐ shèjì zhìzàoshāng
n. 外部受託設計製造業者 (ODM)

❹ 承包
chéngbāo
v. 請け負う、引き受ける、受託する

❺ 承包人
chéngbāorén
n. 請負人

❻ 承包商
chéngbāoshāng
n. 請負業者、受託業者

❼ 外包
wàibāo
n./v. アウトソーシング、外部委託（する）

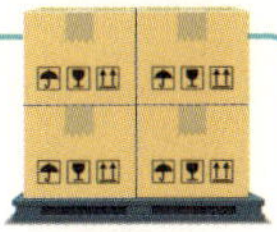

❽ 需求
xūqiú
n. 需要

❾ 订单
dìngdān
n. 注文書、発注書

❿ 运输
yùnshū
v. 輸送する

⓫ 买家
mǎijiā
n. 買い手、買い主、購入者

⓬ 卖家
màijiā
n. 売り手、売り主、販売者

⓭ 服务业
fúwùyè
n. サービス業

⓮ 代售
dàishòu
n./v. 委託販売（する）、取次販売（する）、代理販売（する）

UNIT 9

115

职击现场 実践編

异业结盟 異なる業界との提携

陈 陈敏萱 Chén Mǐnxuān 陳敏萱
王 王雪红 Wáng Xuěhóng 王雪紅

長華航空は金馬銀行と提携企画について話し合っています

陈： 针对¹与金马银行的合作案，本公司初步²决定让贵行的信用卡客户享有³购买北京、上海、台湾、香港、澳门等地商务舱来回机票九五折的优惠⁴。

Zhēnduì yǔ Jīnmǎ yínháng de hézuò'àn, běn gōngsī chūbù juédìng ràng guì háng de xìnyòngkǎ kèhù xiǎngyǒu gòumǎi Běijīng、Shànghǎi、Táiwān、Xiānggǎng、Àomén děng dì shāngwùcāng láihuí jīpiào jiǔ-wǔ zhé de yōuhuì.

王： 九五折? 折扣还是少了点儿，恐怕对消费者的吸引力不大。

Jiǔ-wǔ zhé? Zhékòu háishì shǎole diǎnr, kǒngpà duì xiāofèizhě de xīyǐnlì bú dà.

陈: 我们公司在优惠折扣方面有规定，不太可能打出低于九五折的折扣，这一点请王经理见谅[5]。
Wǒmen gōngsī zài yōuhuì zhékòu fāngmiàn yǒu guīdìng, bú tài kěnéng dǎchū dīyú jiǔ-wǔ zhé de zhékòu, zhè yì diǎn qǐng Wáng jīnglǐ jiànliàng.

王: 据我所知，贵公司给了美花银行九折的优惠。难道[6]我们这种老客户却没有议价的空间？
Jù wǒ suǒ zhī, guì gōngsī gěile Měihuā yínháng jiǔ zhé de yōuhuì. Nándào wǒmen zhè zhǒng lǎo kèhù què méiyǒu yìjià de kōngjiān?

陈: 那个优惠属于[7]美花银行与长华航空的联名卡优惠，因为贵公司跟我们没有信用卡的合作，所以不适用[8]于这个优惠。
Nàge yōuhuì shǔyú Měihuā yínháng yǔ Chánghuá hángkōng de liánmíngkǎ yōuhuì, yīnwèi guì gōngsī gēn wǒmen méiyǒu xìnyòngkǎ de hézuò, suǒyǐ bú shìyòng yú zhège yōuhuì.

王: 这些亚洲航线[9]票价并不贵，打九五折对消费者来说根本[10]没有区别[11]。这样吧，我们双方各让[12]一步。我们的消费者还是享有九折优惠，多出来的零点五折，由本公司负担[13]百分之六十。你看怎么样？
Zhèxiē Yàzhōu hángxiàn piàojià bìng bú guì, dǎ jiǔ-wǔ zhé duì xiāofèizhě láishuō gēnběn méiyǒu qūbié. Zhèyàng ba, wǒmen shuāngfāng gè ràng yí bù. Wǒmen de xiāofèizhě háishì xiǎngyǒu jiǔ zhé yōuhuì, duō chūlái de líng diǎn wǔ zhé, yóu běn gōngsī fùdān bǎifēn zhī liùshí. Nǐ kàn zěnmeyàng?

陈: 我同意，打九折对消费者会更有吸引力，王经理的提议[14]我想公司应该可以接受。
Wǒ tóngyì, dǎ jiǔ zhé duì xiāofèizhě huì gèng yǒu xīyǐnlì, Wáng jīnglǐ de tíyì wǒ xiǎng gōngsī yīnggāi kěyǐ jiēshòu.

王: 那持卡人[15]要怎么买机票才能享受优惠？
Nà chíkǎrén yào zěnme mǎi jīpiào cái néng xiǎngshòu yōuhuì?

陈: 我们会在航空公司的官方[16]网站上设计一个贵公司的特别网页，持卡人在那里订票就可以了。
Wǒmen huì zài hángkōng gōngsī de guānfāng wǎngzhàn shang shèjì yí ge guì gōngsī de tèbié wǎngyè, chíkǎrén zài nàli dìngpiào jiù kěyǐ le.

王: 很好。我相信这次合作会带来双赢[17]的结果。
Hěn hǎo. Wǒ xiāngxìn zhè cì hézuò huì dàilái shuāngyíng de jiéguǒ.

职击现场 実践編

日文翻译 日本語訳

陈 金馬銀行様との提携案に関する仮決定ですが、我が社では御社のクレジットカードを使用しているお客様限定で、北京、上海、台湾、香港、マカオ等へのビジネスクラス往復チケットを5%割引きのサービスで提供したいと存じます。

王 5%割引きですか。それはちょっと少ない気がします。お客様にとってもあまり魅力的ではないと思います。

陈 弊社の割引サービスには規定がございますので、5%よりも更に割引きをするのは可能性が低いと思います。この点は王マネージャーにもご理解いただきたいと存じます。

王 私の知る限りでも、御社は美花銀行に10%割引きで提供していると聞いています。私どもは常連客なのに値段交渉のチャンスすらないのでしょうか。

陈 あのサービスについては、美花銀行様と長華航空の提携カードに関するサービスなんです。大変残念ですが、御社は弊社とのクレジットカードの提携がありませんので、このサービスは適用されません。

王 これらアジア路線のチケット価格はそれほど高くありません。ですので、実のところ5%の割引きではお客様にとっては大差ないんです。では、お互い一歩譲って、こうしませんか。お客様にはやはり10%割引きのサービスを提供し、差額の5%のうちの60%を弊社で負担いたします。いかがでしょうか。

陈 それならば、承知しました。お客様にとっても10%割引きはとても魅力的ですし、王マネージャーからのご提案であれば、弊社も受け入れ可能だと存じます。

王 ではカード保有者は、どのような買い方をすればサービスを受けることができますか。

陈 航空会社の公式サイト上に御社の特別ページを設置します。カード保有者はそこからチケットを予約できるようにします。

王 ああ、それはいいですね。今回の提携がお互いにとって良い結果になることを信じております。

単词 単語　56

1. 针对 zhēnduì　v. 照準をあてる
2. 初步 chūbù
   adj. 暫定的な、初歩の、一応の、仮の、一時の
3. 享有 xiǎngyǒu　v. 得る、持つ
4. 优惠 yōuhuì　n. 特典、サービス
5. 见谅 jiànliàng
   v. 大目に見ていただく、お許しいただく
6. 难道 nándào
   adv. まさか〜ではあるまい、〜とでも言うのか
7. 属于 shǔyú　v. 〜に属する
8. 适用 shìyòng　v. 適用する
9. 航线 hángxiàn　n. 航空路線
10. 根本 gēnběn　adv. 基本的に、実のところ
11. 区别 qūbié　n. 違い、差、相違
12. 让 ràng　v. 譲る
13. 负担 fùdān　v. 負担する
14. 提议 tíyì　n. 提案
15. 持卡人 chíkǎrén　n. カード保有者
16. 官方 guānfāng　adj. 公式 (の)
17. 双赢 shuāngyíng
    n. 双方にメリットがある、互いに利益となる、両者にプラスになる

语法 文法

■ 恐怕 kǒngpà

「あいにく」「残念ながら」「申し上げにくいのですが」「おそらく」。提示された状況や、相手が話した事柄について、心配や不安を示す時に使います。

→ **A:** 王副总，请问下个星期敝公司的新店开幕酒会，您能来参加吗？
Wáng fùzǒng, qǐngwèn xiàge xīngqī bì gōngsī de xīn diàn kāimù jiǔhuì, nín néng lái cānjiā ma?
王副総経理、来週、弊社で行われる新規店のオープニングパーティーなんですが、参加していただけないでしょうか。

B: 我恐怕不能去，那天我得到四川出差。
Wǒ kǒngpà bù néng qù, nà tiān wǒ děi dào Sìchuān chūchāi.
あいにくですが、その日は四川へ出張しなくてはならないんです。

→ 因为大地震的关系，我们恐怕无法如期交货。
Yīnwèi dà dìzhèn de guānxi, wǒmen kǒngpà wúfǎ rú qī jiāohuò.
地震のため、大変申し上げにくいのですが、スケジュール通りに納品できません。

■ 在～方面 zài ~ fāngmiàn

"在～方面"は、ある特定のテーマを紹介する時に使用します。

→ 在竞争力方面，得胜公司明显要比如虹公司强。
Zài jìngzhēnglì fāngmiàn, Déshèng gōngsī míngxiǎn yào bǐ Rúhóng gōngsī qiáng.
競争力では、明らかに得勝公司のほうが如虹公司よりも強い。

→ 在价格方面，我们希望贵公司能多给一些折扣。
Zài jiàgé fāngmiàn, wǒmen xīwàng guì gōngsī néng duō gěi yìxiē zhékòu.
価格についてですが、できれば御社にもう少し割引きしていただきたいと存じます。

■ 由 yóu

"由"を主語の前に置き、主語によって動作が完了することを強調します。

→ 接下来的营业报告，由王伟同来为大家说明。
Jiē xiàlái de yíngyè bàogào, yóu Wáng Wěitóng lái wèi dàjiā shuōmíng.
それでは次の営業報告を、王偉同が説明します。

→ 入股歌林公司的合约是由王副总负责签署的。
Rùgǔ Gēlín gōngsī de héyuē shì yóu Wáng fùzǒng fùzé qiānshǔ de.
歌林公司の株式を購入する契約の署名については、王副総経理が行います。

职击现场 実践編

中文小知识　カードの種類　🎧 57

会話にある联名卡 liánmíngkǎ（提携カード）の外に、以下のようなカードもあります。

磁条卡・
cítiáokǎ
磁気カード

芯片卡・xīnpiànkǎ IC カード
〔"智能卡 zhìnéngkǎ（スマートカード）"ともいう〕

储值卡・
chǔzhíkǎ
プリペイドカード

借记卡・jièjìkǎ デビットカード
〔"支票卡 zhīpiàokǎ（チェックカード）"ともいう〕

主卡・zhǔkǎ
本カード

附属卡・fùshǔkǎ
追加カード、家族カード
〔"附卡 fùkǎ"ともいう〕

无限卡・
wúxiànkǎ
インフィニットカード、
ブラックカード

白金卡・
báijīnkǎ
プレミアムカード、
プラチナカード

金卡・
jīnkǎ
ゴールドカード

普通卡・
pǔtōngkǎ
一般カード
〔"普卡 pǔkǎ"ともいう〕

UNIT 9

文化補充　ビジネススクール

不可不知的华人展览
知っておきたい中華圏の展示会

　展示会への出張は、時間もコストもかかる大きな投資です。しかし、規模が大きく知名度が高い展示会を選べば、効率良く買い手や売り手を見つけることができます。以下に中国、香港、台湾の代表的な展示会を紹介します。

中国 China

广交会 Guǎng Jiāo Huì 広州交易会
正式名称：中国进出口商品交易会 Zhōngguó jìnchū kǒu shāngpǐn jiāoyìhuì
展示品目：多種多様な生活用品
場所：広東省広州市珠海区
期日：毎年春と秋に3期ずつ開催。1期は4日程度。
特色：出展者数、来場者数共に中国随一の規模で、「中国最大の見本市」と称される。取引量が最も多い貿易展示会でもある。
公式ホームページ：http://www.cantonfair.org.cn/cn/index.asp

国际车展 Guójì chē zhǎn 国際モーターショー
正式名称：国际汽车工业展览会 Guójì qìchē gōngyè zhǎnlǎnhuì
展示品目：自動車、自動車部品
場所：上海市、北京市
期日：隔年4月
特色：世界各国から来場者が集まる中国最大の自動車展示会。日本の大手自動車メーカーも出展しており、期間中には最新技術を駆使した新製品の発表も行われる。
公式ホームページ：http://www.autoshanghai.org/index.aspx
　　　　　　　　　http://www.china-autoshow.com/

香港 Hong Kong

香港玩具展 Xiānggǎng wánjù zhǎn 香港玩具展＆ゲームフェア
展示品目：おもちゃ、マジック用品、アウトドア用品、スポーツ用品、紙製品、包装用品等
場所：香港会議展示センター
期日：毎年1月
特色：アジアで最大、世界第2位の規模の玩具フェア。会場には「検査・測定・認証サービスコーナー」も設けられ、おもちゃの安全性に対する意識の高まりにも配慮している。
公式ホームページ：http://www.hktdc.com/fair/hktoyfair-tc/ 香港貿發局香港玩具展 .html

文化補充　ビジネススクール

香港国際珠宝展 Xiānggǎng guójì zhūbǎo zhǎn
香港インターナショナルジュエリー・ショー

展示品目：アクセサリー、各種宝石
場所：香港会議展示センター
期日：毎年3月
特色：世界の3大ジュエリー・イベントのひとつ。2010年には日本を含む44カ国から2673社が出展し、123の国と地域から3万2000人のバイヤーが来場した。
公式ホームページ：http://www.hktdc.com/fair/hkjewellery-en/HKTDC-Hong-Kong-International-Jewellery-Show.html

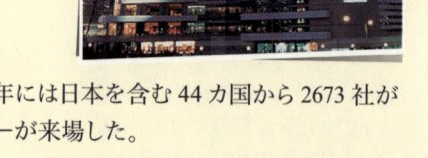

台湾　Taiwan

台北国際电脑展 Táiběi guójì diànnǎo zhǎn
COMPUTEX TAIPEI、台北国際コンピュータ見本市

展示品目：コンピューターソフト、ハード、部品等
場所：台北ワールドトレードセンター
期日：毎年6月
特色：ドイツのハノーバーメッセのCeBITに次ぐ、世界第2位のコンピューター見本市。台湾にはハードウェア製造業者が多いので、特にハードウェアの技術動向を見るのに適している。
公式ホームページ：http://www.computextaipei.com.tw/ja_JP/index.html

台北国際食品展览会 Táiběi guójì shípǐn zhǎnlǎn huì
台北国際食品見本市

展示品目：農産物、農産物加工品、畜産品、水産物、各種食品、健康食品、飲料等
場所：台北ワールドトレードセンター
期日：毎年6月
特色：台湾最大の国際総合食品関連展示会。毎年日本パビリオンが設置され、日本食品の新規参入、輸出拡大を目指す絶好の場所といえる。
公式ホームページ：http://www.foodtaipei.com.tw/ja_JP/index.html

附录
付録

　　ビジネスの現場では、日々さまざまな文書やメールなどが行き交います。ビジネス文書は公的な性格も強く、用語においても特殊なことが多く、また、形式が決まっている場合も多々あります。この「付録」には、ビジネス文書とメールの事例を収録しました。株主総会の案内、メールによる社内提議、出張時の申し送り、日程表、確認のメール、契約書、見積書などがありますので、これらを参考に文書作成テクニックを磨いてください。

商业文书 ビジネス文書

中国語によるビジネスメールの形式

❶ **書き出し** 宛名のうしろに":"（冒号。セミコロン）をつけます。宛先が個人ではなく団体や機関の名前の場合は、つけないのが普通です。

> 致〇〇经理:
> 　"致"は「送る、～へ」の意。
>
> 〇〇经理您好:
> 　名前のあとに挨拶語（"您好"など）をつけてもよい。

❷ **本文** 書き出しは、2字下げます。あいさつなどの決まり文句は特に必要なく、いきなり要件に入っても失礼にはなりません。

❸ **結びのあいさつ** 行を改め、2字下げて書き出します。一般的に2行に分けて書きますが、1行でもかまいません。

> 祝你
> 一切顺利！
> （万事順調でありますように）

❹ **結語** 日本語の「拝啓…敬具」のように、頭語と対応した言葉を使います。ただし、ビジネス文書の場合、頭語は省略してもかまいません。

> 谨启（敬具）
> 敬启者（謹啓）

❺ **署名**　敬意を表すための言葉を名前のうしろにつけます。

〇〇呈上　　　〇〇敬上

❻ **日付**　西暦で年月日の順に書きます。

2011/08/12

单词补充 補充単語

＊文書でよく使う敬語

致	zhì	v.	送る
启	qǐ	v.	申し述べる、申し上げる
奉	fèng	v.	差し上げる
过目	guòmù	v.	目を通す
各位	gèwèi	pron.	各位、みなさん
贵公司	guì gōngsī	n.	御社、貴社
敝公司	bì gōngsī	n.	弊社

＊インターネット（メール）用語

电子邮件	diànzǐ yóujiàn	n.	電子メール
垃圾邮件	lājī yóujiàn	n.	スパムメール
信箱/邮箱	xìnxiāng/ yóuxiāng	n.	メールボックス
邮件地址	yóujiàn dìzhǐ	n.	メールアドレス
邮件杂志	yóujiàn zázhì	n.	メールマガジン
乱码	luànmǎ	n.	文字化け
附件	fùjiàn	n.	添付ファイル

股东大会通知 株主総会通知

发件人：毛凯娣　　　　　　　　　　日期：2012/01/12
收件人：极光科技全体[1]股东[2]　　　主题：股东大会通知

致[3]各位股东：

极光科技年度股东大会[4]将于三月十六日到十八日假[5]永福大饭店举行，股东可亲自出席[6][7]或委托[8]代理人[9]参加。所有股东代表必须在入场[10]时出示[11]有股东签名的法定[12]文件以便[13]登记。

本次会议议程和决议[14]事项[15]将在三月十二日第二季度董事大会后公布[16]，为了响应[17]政府节能减碳[18]政策[19]，请各股东届时[20]自行[21]至www.auroratech.com 下载[22]，或当天在会场[23]领取[24]。

附件[25]是三天的行程表，若[26]您在食宿[27]上有任何问题，请于二月二十七日前与我联络。

奉[28]董事会指示[29]
毛凯娣　敬启[30]

极光科技公司 董事长秘书
Katy_Mao@auroratech.com
02-2747-6399 #18

单词 単語

1. 全体 quántǐ *n.* 全員
2. 股东 gǔdōng *n.* 株主
3. 致 zhì *v.* 送る
4. 大会 dàhuì *n.* 総会
5. 假 jiǎ *v.* 借りる
6. 亲自 qīnzì *adv.* 自分で、自ら
7. 出席 chūxí *v.* 出席する
8. 委托 wěituō *v.* 任せる
9. 代理人 dàilǐrén *n.* 代理人
10. 入场 rùchǎng *v.* 入場する
11. 出示 chūshì *v.* 提示する
12. 法定 fǎdìng *adj.* 法定の
13. 便 biàn *v.* 利する、便利である
14. 决议 juéyì *v./n.* 決議(する)
15. 事项 shìxiàng *n.* 事項
16. 公布 gōngbù *v.* 発表する、公布する
17. 响应 xiǎngyìng *v.* 応える
18. 节能减碳 jié néng jiǎn tàn 省エネ・CO_2削減
19. 政策 zhèngcè *n.* 政策
20. 届时 jièshí *adv.* その時になる
21. 自行 zìxíng *adv.* 自ら
22. 下载 xiàzài *v.* ダウンロードする
23. 会场 huìchǎng *n.* 会場
24. 领取 lǐngqǔ *v.* 受領する
25. 附件 fùjiàn *n.* 添付ファイル
26. 若 ruò *conj.* もしも
27. 食宿 shísù *n.* 食事と宿泊
28. 奉 fèng *v.* 差し上げる
29. 指示 zhǐshì *n.* 指示
30. 启 qǐ *v.* 申し述べる、申し上げる

差出人：毛凱娣
極光科技公司株主の皆様

日付：2012/01/12
件名：株主総会のお知らせ

株主の皆様へ
謹啓
　極光科技公司の年度株主総会を3月16日から18日にかけて、永福ホテルで開催いたします。株主の皆様、および代理の皆様のご参加をお待ちしております。ご入場の際には、株主様のご署名の入った法定文書のご提示をもって、ご登録の代わりとさせていただきます。
　今回の議事次第と議題につきましては、3月12日の第2四半期董事会終了後に発表いたします。省エネ・CO2削減政策の一環としまして、株主様におかれましては、各自でwww.auroratech.comよりダウンロードをお願いいたします。また、当日の会場配布もございます。
　添付ファイルは、3日間の日程表です。お食事、ご宿泊に関するご要望がございましたら2月27日までにお申し出ください。

敬白

董事会の指示によりご案内申し上げます
毛凱娣
極光科技公司　董事長秘書
Katy_Mao@auroratech.com
02-2747-6399 #18

电子签呈 電子メールによる提議

発件人：曾旺财　　　　日期：2011/11/18
收件人：萧台生副总　　主题：明年物流[1]厂商选择[2]

致萧副总：

　　有关明年货运厂商的选择，我建议[3]与顶好物流公司合作，因为它符合[4]我们经营[5]的各项需求，并且[6]规模[7]在全中国属三大物流企业之一。该公司在本月推出一些优惠方案，所以若在本月底以前签订[8]合约，其优惠将可为公司节省[9]每个月百分之十的物流成本[10]。

　　根据招商[11]会议结果，各部门选择与顶好物流合作的理由[12]如下：

1. 财务部：它的价格不仅符合我们的预算[13]，还提供免费的意外保险，提高[14]产品运送时的保障[15]。

2. 营业部：比起其它物流公司，顶好物流所需要的运输时间短，有利于我们发展距离较远的海外业务。

3. 广告部：如果我们合作，可以免费将商品照片放在顶好物流的卡车、飞机上，增加商品曝光率[16]、节省广告成本。

　　总的来说[17]，顶好物流公司对于降低公司成本、开拓[18]新市场、增加[19]广告是最有利的选择。

附件是各部门拟订[20]好的合作预算表，请您过目[21]。

敬祝
诸事顺遂[22]
总务部经理　　曾旺财　敬上

单词 単語

1. 物流 wùliú *n.* 物流
2. 选择 xuǎnzé *v./ n.* 選択(する)
3. 建议 jiànyì *v./ n.* 提案(する)
4. 符合 fúhé *v.* 合致する
5. 经营 jīngyíng *v.* 経営する
6. 并且 bìngqiě *conj.* かつ、しかも
7. 规模 guīmó *n.* 規模
8. 签订 qiāndìng *v.* 締結する
9. 节省 jiéshěng *v.* 節約する
10. 成本 chéngběn *n.* コスト、原価
11. 招商 zhāoshāng （企業を）誘致する
12. 理由 lǐyóu *n.* 理由
13. 预算 yùsuàn *n.* 予算
14. 提高 tígāo *v.* 高くなる、高める
15. 保障 bǎozhàng *v./ n.* 保障(する)
16. 曝光率 bàoguānglǜ *n.* 露出の割合
    曝光 bàoguāng *v.* 露出する
17. 总的来说 zǒng de lái shuō 総じて言えば
18. 开拓 kāituò *v.* 開拓する
19. 增加 zēngjiā *v.* 増加する
20. 拟订 nǐdìng *v.* 立案する
21. 过目 guòmù *v.* 目を通す
22. 诸事顺遂 zhū shì shùnsuì 万事順調である（結びのあいさつことば）

差出人：曽旺財
宛先：蕭台生副総経理

日付：2011/11/18
件名：来年の物流会社選定について

蕭副総経理

　来年の運送業者選定に関して、頂好物流を推薦いたします。頂好物流は我が社の経営における各方面の要求を満たしており、また、全中国で3本の指に入る物流大手です。頂好物流側は、今月に入って優待サービス案を提示してきています。月末までに契約すれば、毎月10%の物流コスト削減につながります。

　企業選定会議に基づき、各部署が頂好物流を選択した理由は以下の通りです。

1. 財務部：提示価格が予算にあっており、さらに、災害保険が無料でつきますので、製品輸送時の保障が強化されます。
2. 営業部：他社と比較して、頂好物流は輸送にかかる時間が短く、今後、遠方や海外マーケットに進出するのに利点となります。
3. 広報部：業務提携後は、我が社の商品写真を頂好物流のトラックや飛行機に無料で載せてもらうことになっています。商品の認知度が上がり、広告コストの削減にもつながります。

　以上まとめますと、頂好物流との業務提携は、コストの削減、新規市場の開拓、宣伝機会の増加につながり、最善の選択と考えます。

　添付の書類は各部門が作成した提携後の予算表です。お目通しください。

よろしくお願いいたします。
総務部マネージャー
曽旺財

出差通知 出張時の申し送り

发件人：戴安娜
日期：2011/10/21
收件人：海外行销处全体同仁
主题：出差通知

致各位[1]同事：

各位

　　从十一月五日到十一月十二日，我将出差一个星期，到台湾参加2011年台北国际花卉[2]博览会[3]。回国后将从十一月十五日开始上班。

　　我出差期间[4]，我的助理[5]王友蓝小姐将代理[6]我的工作。王小姐的分机是566，电子邮件是yolanwang@global.com。如有任何问题请与[7]她联络，她将为各位服务。

　　期限[8]内需要完成的工作都将在我离开前处理完毕[9]，其余[10]事务[11]则暂时[12]由王小姐代为[13]处理。所有的[14]专案[15]都将照常[16]进行[17]，若有不便[18]请多多包涵[19]。

戴安娜　敬启
亚洲区业务代表[20]
环球生物科技公司

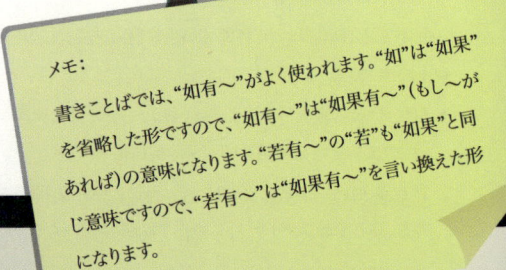

メモ：
書きことばでは、"如有～"がよく使われます。"如"は"如果"を省略した形ですので、"如有～"は"如果有～"(もし～があれば)の意味になります。"若有～"の"若"も"如果"と同じ意味ですので、"若有～"は"如果有～"を言い換えた形になります。

単词　単語

1. 各位 gèwèi *pron.* 各位、みなさん
2. 花卉 huāhuì *n.* 草花、花卉
3. 博览会 bólǎnhuì *n.* 博覧会
4. 期间 qījiān *n.* 期間
5. 助理 zhùlǐ *n.* アシスタント
6. 代理 dàilǐ *v.* 代行する
7. 与 yǔ *prep.* ～と
8. 期限 qīxiàn *n.* 期限
9. 完毕 wánbì *v.* 終わる
10. 其余 qíyú *pron.* 残りの、あとの
11. 事务 shìwù *n.* 事務、日常業務
12. 暂时 zànshí *adv.* しばし、ひとまず
13. 代为 dàiwéi *v.* 代わって引き受ける
14. 所有的 suǒyǒu de *adj.* すべての
15. 专案 zhuān'àn *n.* 特別案件
16. 照常 zhàocháng *v.* いつもと同じように～する
17. 进行 jìnxíng *v.* する
18. 不便 búbiàn *adj.* 不便である
19. 包涵 bāohán *v.* 大目に見る
20. 业务代表 yèwù dàibiǎo *n.* 業務統括代表

差出人：戴安娜
宛先：海外営業所の同僚
日付：2011/10/21
件名：出張について

各位

　11月5日から12日までの1週間、台湾へ出張し、2011年台北国際花博覧会に参加します。帰国後の出社は11月15日からになります。

　出張中のことは、アシスタントの王友藍さんに任せます。王さんの内線番号は566、メールアドレスはyolanwang@global.comです。なにかあったら彼女に連絡をとってください。みなさんの業務のお手伝いをします。

　出張中に期限を迎える仕事については、出張前に終わらせますが、その他の業務に関しては王さんにしばらくお任せします。重要案件についてはすべて通常の手順を踏んでください。面倒かけますが、よろしくお願いします。

戴安娜
アジア地域業務統括代表
環球生物科技公司

行程表 スケジュール表

浩客科技 董事会第三季度考察[1]行程表

日期: 二〇一一年七月十五日

地点: 台北分公司

行程:

10:00 接机: 董事们乘坐大元航空AE863航班从香港抵达台北,下机后坐公司专车[2]直接前往[3]台北分公司。

11:30 午餐: 在公司会议室享用[4]西式[5]套餐[6]。

13:00 会议议程:

1. 董事长宣布股东[7]大会[8]开始,讨论台北分公司明年预算分配[9]。

2. 高总经理报告第一、二季营运[10]状况,及新厂房[11]组织[12]架构[13]。

3. 问答时间与临时动议[14]。

16:30 搭乘高铁至新竹科技园区[15]参观新厂房。

20:00 晚宴[16]: 百乐园大酒店台式[17]海鲜。晚宴后至阳明山泡温泉[18]、欣赏夜景[19]。

备注[20]: 依据董事会最新规定,本次考察结果将于下一季度业务报告前公布[21]。

单词 単語

1. 考察 kǎochá v. 視察する
2. 专车 zhuānchē n. 専用車
3. 前往 qiánwǎng v. 行く、向かう
4. 享用 xiǎngyòng v. 楽しむ、受ける
5. 西式 xīshì n. 西洋風、洋式
6. 套餐 tàocān n. セットメニュー
7. 股东 gǔdōng n. 株主
8. 大会 dàhuì n. 総会、大会
9. 分配 fēnpèi v. 分配する
10. 营运 yíngyùn v. 営業する、経営する
11. 厂房 chǎngfáng n. 工場
12. 组织 zǔzhī n. 組織、システム
13. 架构 jiàgòu n. 構成
14. 临时动议 línshí dòngyì n. 臨時議案
15. 科技园区 kējì yuánqū n. サイエンスパーク
16. 晚宴 wǎnyàn n. 宴会
17. 台式 táishì n. 台湾風
18. 泡温泉 pào wēnquán 温泉につかる
    泡 pào v. つかる
    温泉 wēnquán n. 温泉
19. 夜景 yèjǐng n. 夜景
20. 备注 bèizhù n. 注、附注
21. 公布 gōngbù v. 発表する、公布する

浩客科技董事会第3四半期視察スケジュール

日時：2011年7月15日　　　　　　　　場所：台北支社

スケジュール

10：00　出迎え：大元航空AE863便にて香港から台北に到着。専用車で直接台北支社へ。
11：30　昼食：支社の会議室にて。洋式ランチセット。
13：00　会議のスケジュール
　　　　1. 董事長による株主総会開会あいさつに続き、台北支社の来年の予算配分について検討。
　　　　2. 高総経理の報告。第1、第2四半期の経営状況について、および、新工場の組織構成について。
　　　　3. 質疑応答と臨時議案。
16：30　高速鉄道で新竹サイエンスパークへ。新工場見学。
20：00　宴会：百楽園ホテルにて台湾風シーフード料理。宴会終了後は陽明山で温泉に入り夜景を楽しむ。

附注：董事会の最新規定に基づき、この視察の結果を次の四半期の業務報告前に公表すること。

确认信 確認のメール

发件人：杜彼得　　日期：2011/09/18

收件人：真鲜食品公司 许经理

主题：台北国际食品参展行程确认[1]

致许经理：

　　此[2]信是想再次[3]向您确认贵公司参加第二十届[4]台北国际食品展的行程。

　　根据贵公司的报名[5]顺序[6]，贵公司参展的时间是十二月二十三日，地点在台北市世界贸易中心南港展览馆。

　　关于您提出[7]的摊位[8]布置[9]问题，我们建议您可在展出[10]前一天进场[11]卸货[12]，当天展览馆将开放[13]至午夜十二点，供各家厂商[14]场布[15]及准备。随信附上[16]贵公司的摊位位置图、展会[17]的平面图[18]和周边[19]地图供[20]您参考。

　　此外，不知您是否已收到展览期间的食宿表？如果贵公司在饮食上有特殊[21]需求，请于本月底以前回复[22]，以便为您安排。

敬祝　生意兴隆[23]

杜彼得

稳赚展览公司　亚洲区业务代表

Peter_Du@makemoney.com

单词 単語

1. 确认 **quèrèn** *v.* 確認する
2. 此 **cǐ** *pron.* この、その
3. 再次 **zàicì** *adv.* もう一度
4. 届 **jiè** *m.* 期、回
5. 报名 **bàomíng** *v.* 申し込む
6. 顺序 **shùnxù** *n.* 順番
7. 提出 **tíchū** *v.* 提出する、申し出る
8. 摊位 **tānwèi** *n.* ブース、売り場
9. 布置 **bùzhì** *n./v.* 割りふる、手配する、配置する
10. 展出 **zhǎnchū** *v.* 展示する、出展する
11. 进场 **jìnchǎng** *v.* 入場する
12. 卸货 **xièhuò** *v.* 荷下ろしする
13. 开放 **kāifàng** *v.* 開放する、公開する
14. 厂商 **chǎngshāng** *n.* メーカー
15. 场布 **chǎngbù** *v.* スペースに置く。"场地布置 (chǎngdì bùzhì)" の略。
16. 附上 **fùshàng** *v.* 付け加える、添付する
17. 展会 **zhǎnhuì** *n.* 展示会。"展览会" の略
18. 平面图 **píngmiàntú** *n.* 平面図
19. 周边 **zhōubiān** *n.* 周辺、周囲
20. 供 **gōng** *v.* 提供する
21. 特殊 **tèshū** *adj.* 特殊である
22. 回复 **huífù** *v.* 返事をする
23. 兴隆 **xīnglóng** *adj.* 繁盛する

差出人：杜彼得　　　　　　　　　日付：2011/09/18
宛名：真鮮食品公司　許マネージャー　件名：台北国際食品展の出展スケジュールについて

許マネージャー

　御社が出展される第20回台北国際食品展のスケジュールに関して、再確認をお願いいたします。

　お申込の順番により、御社のブースは12月23日台北市世界貿易センター南港展覧館になります。

　お問い合せのあったブースの設置に関してですが、前日に搬入なさってはいかがでしょうか。その日は各社の準備のために、会場は夜中の12時まで入れるようになっています。御社のブースの配置図、会場案内図、周辺地図を添付しますのでご参照ください。

　また、期間中のお食事とホテルについてのご案内表は届いていますでしょうか。お食事について特別なご要望がございましたら、今月末までにご返送ください。手配いたします。

　以上、よろしくお願い申し上げます。

杜彼得
穩賺展覽公司　アジア地域統括代表
Peter_Du@makemoney.com

合约书 契約書

合约书

　　本合约书由长城出版公司（总公司设于台湾台北市八德路三段32号，以下称为卖方），与美国林肯语言中心（总部设于美国纽约洲纽约市华尔街30号，以下称为买方），于2012年5月1日共同[1]制定[2]，双方[3]同意按下列条件买卖以下出版物：

项目	生活华语教科书（一到十册）
价格	每本$10，合计100元（美元）
运送方式	必达快递[4]公司

1. 本合约自2012年5月31日起生效[5]，为期[6]一年。有效[7]期内买方享有[8]上述出版物一月一次的独家使用权[9]。

2. 若无异议[10]，本合约将自动延长[11]一年的效力[12]，任何一方[13]若欲[14]终止[15]合约，需于60天前以正式书面[16]信函[17]告知[18]。

3. 买方同意每份出版物的印制[19]商标和版权[20]资料由卖方提供。

4. 合约终止后，买方同意不得再使用卖方之任何出版物。

5. 卖方于每月提供商品购买明细[21]后，买方需于30天内以转帐[22]方式汇款给卖方。（银行别：台湾银行　户名[23]：长城出版公司　帐号[24]：9800330496）

　　本合约书一式[25]两份，经[26]双方法定代理人制定后，于前文[27]日期签署[28]。

契約者

長城出版公司
（法定代理人盖章与签名）

美国林肯语言中心
（法定代理人盖章与签名）

日期：2012年5月1日

単词 単語

1. 共同 gòngtóng *adv.* 共同で
2. 制定 zhìdìng *v.* 制定する、作成する
3. 双方 shuāngfāng *n.* 双方、両方
4. 快递 kuàidì *v.* 速達で配達する
5. 生效 shēngxiào *v.* 効力を発する
6. 为期 wéiqī *v.* 〜を期限とする
7. 有效 yǒuxiào *adj.* 有効である
8. 享有 xiǎngyǒu *v.* (権利・威信などを)得る
9. 独家使用权 dújiā shǐyòngquán *n.* 独占利用権
10. 异议 yìyì *n.* 異議
11. 延长 yáncháng *v.* 延長する
12. 效力 xiàolì *n.* 効力
13. 方 fāng *n.* 方面、側
14. 欲 yù *adv.* 望む
15. 终止 zhōngzhǐ *v.* 終了する
16. 书面 shūmiàn *n.* 書面
17. 信函 xìnhán *n.* 書簡
18. 告知 gàozhī *v.* 知らせる
19. 印制 yìnzhì *v.* (出版物を)印刷制作する
20. 版权 bǎnquán *n.* 版権、著作権
21. 明细 míngxì *n.* 明細、詳細
22. 转帐 zhuǎnzhàng 勘定を振り替える
23. 户名 hùmíng *n.* 口座の名義
24. 账号 zhànghào *n.* 口座番号
25. 式 shì *n.* 形式、モデル
26. 经 jīng *adv.* 通じる
27. 前文 qiánwén *n.* 前文、前書き
28. 签署 qiānshǔ *v.* 署名する

契約書

本契約書は長城出版公司（本社所在地：台湾台北市八徳路三段32号、以下、売方という）とアメリカリンカーン言語センター（本社所在地：アメリカニューヨーク州ニューヨーク市ウォール街30号、以下、買方という）が、2012年5月1日に共同で作成したもので、下記条件により、下記出版物の売買について同意するものとする。

項目	生活中国語教科書 （第1〜10巻）
価格	1冊10ドル、合計100ドル （米ドル）
輸送方法	ビダーエクスプレス社

1. 本契約は2012年5月31日より1年間有効となる。期間内において、買方は上記出版物を1か月に1度、独占的に利用できる。
2. 異議の申し立てがなければ、本契約は1年ごとの自動延長となる。一方が契約の終了を希望する場合は、60日前までに書面にて通知しなければならない。
3. 買方は出版物の印刷ロゴおよび版権に関する資料を売方が提供することに同意する。
4. 契約の終了後は、買方は売方のいかなる出版物も使用できない。
5. 売方は毎月、購入明細を提示する。買方は明細提示後30日以内に売方の口座に振り込まなくてはならない（銀行名：台湾銀行　名義：長城出版公司　口座番号：980033496）。

本契約書は2通作成し、双方の法定代理人が作成した後に、前文の日付に署名する。

契約者
長城出版公司　　アメリカリンカーン言語センター
（法定代理人の捺印と署名）　（法定代理人の捺印と署名）

日付: 2012年5月1日

报价单 見積書

发件人: 盛日公司	日期: 2011/11/28
收件人: 传远贸易方经理	主题: 盛日公司产品报价[1]

方经理您好:

　　敝[2]公司很高兴为贵公司提供电器[3]产品的报价单[4]，本报价单依照[5]您的要求[6]，注明[7]了产品名称[8]、数量、以及价格等信息[9]。根据您的需求，我们也附上产品目录供您参考，希望对您有帮助。若您对产品有任何问题，请不吝[10]告知本人[11]，我将非常乐意[12]为您服务。

编号[13]	1	2	3
产品名称	电视	冰箱	冷气机
数量	1,000	300	300
单价[14]	$500	$800	$1000
折扣	5%	10%	10%
合计[15]	$47,500	$216,000	$270,000

备注: 款项[16]必须在第一批[17]货交货[18]前先付一半，其馀款项在货物全部出货[19]後全数[20]结清[21]。

敬祝　生意兴隆

李中天

盛日公司　业务部经理

Apollo_Lee@sunrise.com

単词 単語

1. 报价 bàojià *vo.* オファー、見積
2. 敝 bì 自分や自分に関わるものをへりくだって表す言葉
3. 电器 diànqì *n.* 電気器具
4. 报价单 bàojiàdān *n.* 見積書、オファーシート
5. 依照 yīzhào *prep.* ～に基づいて
6. 要求 yāoqiú *v./ n.* 要求(する)
7. 注明 zhùmíng *v.* はっきり注記する
8. 名称 míngchēng *n.* 名称
9. 信息 xìnxi *n.* データ、情報
10. 吝 lìn *v.* 惜しむ
11. 本人 běnrén *n.* 自分、私
12. 乐意 lèyì *v.* 喜んで～する
13. 编号 biānhào *n.* 整理番号、通し番号
14. 单价 dānjià *n.* 単価
15. 合计 héjì *n.* 合計
16. 款项 kuǎnxiàng *n.* (まとまった額の) 費用項目、お金
17. 批 pī *m.* (まとまった数の人やものを数える) 口、ロット
18. 交货 jiāohuò *v.* 納品する
19. 出货 chūhuò *v.* 出荷する
20. 全数 quánshù *n.* 全部、すべて
21. 结清 jiéqīng *v.* 精算する

差出人：盛日公司
宛先：伝遠貿易　方マネージャー
日付：2011/11/28
件名：盛日公司製品のお見積もり

方マネージャー

　お世話になっております。
　貴社へ電器製品のお見積もりできることを嬉しく思います。貴社のご要望に従って、製品名、数量、価格などのデータを明記しております。ご希望の製品目録も添付いたしましたので、ご参照いただければ幸いです。製品について質問がございましたら、なんなりとお申し付けください。誠心誠意、対応させていただきます。
　ご検討のほど、よろしくお願い申し上げます。

李中天
盛日公司　業務部マネージャー
Apollo_Lee@sunrise.com

番号	1	2	3
製品名	テレビ	冷蔵庫	エアコン
数量	1,000	300	300
単価	$500	$800	$1000
割引率	5%	10%	10%
合計金額	$47,500	$216,000	$270,000

附注：最初の製品を納品の際に半分お支払いいただき、全て出荷終了後に残りの精算をお願いいたします。

实用汉语水平认定考试 実用中国語レベル認定試験

TEST OF PRACTICAL CHINESE
C.TEST

实用汉语水平认定考试
実用中国語レベル認定試験

　貿易や教育環境の国際化に伴い、中国語を学ぶ外国人は年々増加しています。そのような中国語を母語としない人の中国語能力を測る国際的な試験として、「実用中国語レベル認定試験（C.TEST）」があります。C.TESTは、ビジネスや文化交流、教育といったコミュニケーションを図る場で使える中国語のレベルを測定し、認定証明書を発行します。実際的な中国語の運用能力が評価されますので、就職や人事評価などの際にアピールできます。

　C.TESTは、E-FレベルとA-Dレベルの2種類に分かれています。E-Fレベルは学習時間が400〜600時間程度の初級者が対象です。A-Dレベルは1000〜2000時間（あるいはそれ以上）学習済みの中上級者向けの試験です。

　本書に掲載している模擬試験は、A-Dレベルのものです。解答とリスニングの問題文を巻末に付けました。ご自身のレベルを確認してみてください。試験の概要（内容、問題数、試験時間）を以下に示しますが、もっと詳しく知りたい方はhttp://www.c-test.org.cn/index.asp にアクセスしてみてください。

- A-Dレベル試験概要

試験内容		出題数	割合	試験時間
リスニング	図を見て質問に答える	10 題	6.25%	約50分
	短い会話を聞き質問に答える	20 題	12.5%	
	長い会話を聞き質問に答える	20 題	12.5%	
	比較的長い話を聞き内容について答える（記述式）	20 題	12.5%	
総合応用問題	穴埋め問題	10 題	6.25%	100分
	語順問題	20 題	12.5%	
	読解問題	30 題	18.75%	
	誤用の指摘	10 題	6.25%	
	総合穴埋め問題	10 題	6.25%	
	穴埋め作文（記述式）	10 題	6.25%	
合計		160 題		約150分

- E-Fレベル試験概要

試験内容		出題数	割合	試験時間
リスニング	発音問題	10 題	7.00%	約45分
	絵を見て質問に答える	10 題	7.00%	
	短文を聞いて質問に答える	20 題	14.00%	
	長めの会話または文章を聞いて質問に答える	20 題	14.00%	
文法と読解	ピンイン選択問題	10 題	7.00%	70分
	文法問題	30 題	21.00%	
	単語選択問題	10 題	7.00%	
	読解問題	20 題	14.00%	
	並べ替え作文（記述式）	10 題	7.00%	
合計		140 題		約115分

听力一 看图回答问题

说明：1—10题，每道题，你会听到一个陈述和一个问题，同时在试卷上看到一幅图表和A B C D 四个答案。请你根据所听到的和所看到的，从四个书面答案中选出唯一正确的答案。

例如：第3题，你听到：

男：这是日升科技公司二零一二年的开发成本和广告预算的经费预估，其中可以看到广告预算在每季的支出都将高于开发成本。

女：第二季度的广告预算预计将高于开发成本多少钱呢？

同时你在试卷上看到：

3. ☐ A. 20000　　☐ B. 40000　　☐ C. 60000　　☐ D. 70000

第3题唯一正确的答案是B，你应该在答题纸上找到号码3，在字母B上画一横道。

3. ☐ A. 20000　　■ B. 40000　　☐ C. 60000　　☐ D. 70000

好，现在我们开始做第1题。

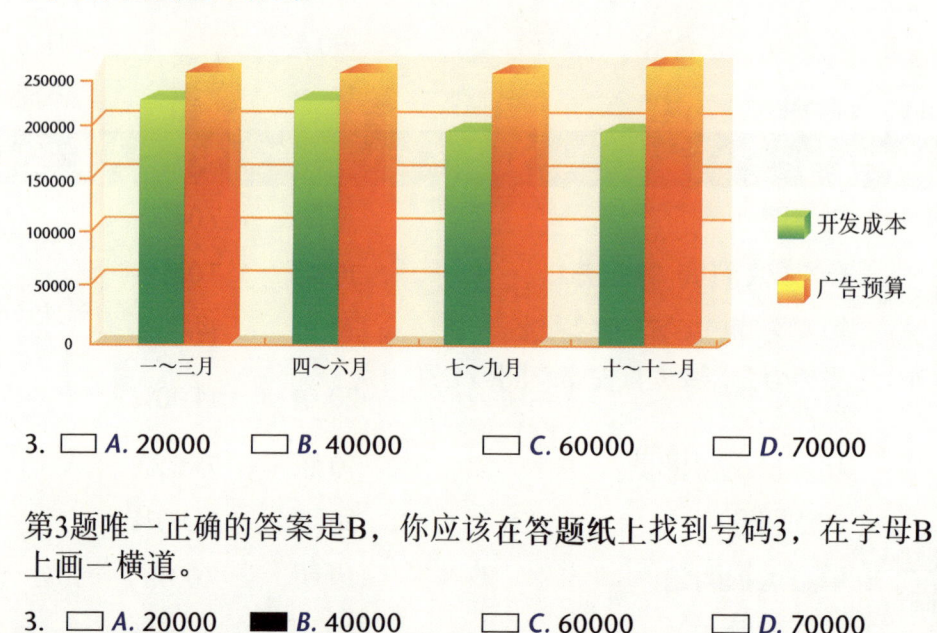

1

和硕企业2010年业绩表现 〔〔58

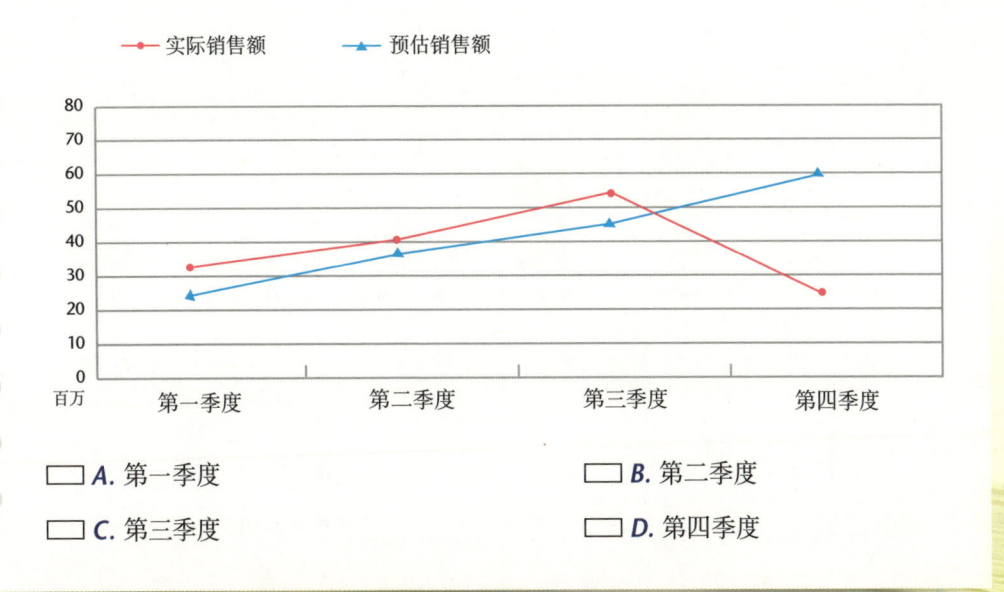

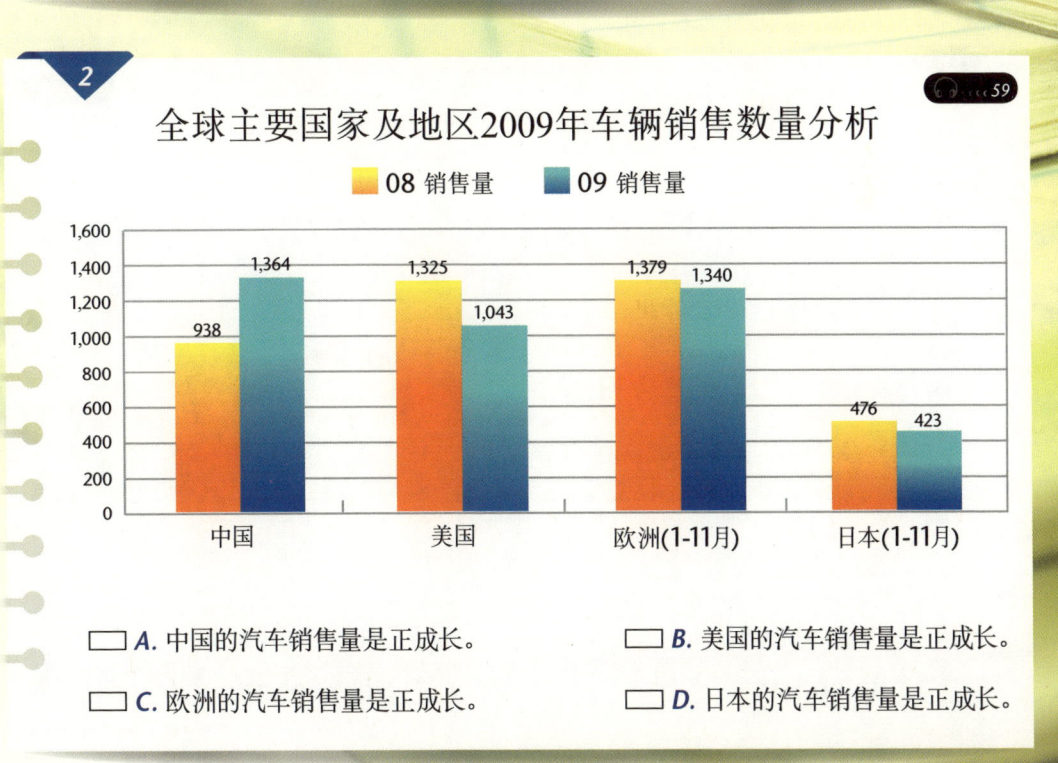

— 实际销售额　— 预估销售额

（百万）

- ☐ A. 第一季度
- ☐ B. 第二季度
- ☐ C. 第三季度
- ☐ D. 第四季度

2

全球主要国家及地区2009年车辆销售数量分析 〔〔59

08 销售量　09 销售量

国家/地区	08 销售量	09 销售量
中国	938	1,364
美国	1,325	1,043
欧洲(1-11月)	1,379	1,340
日本(1-11月)	476	423

- ☐ A. 中国的汽车销售量是正成长。
- ☐ B. 美国的汽车销售量是正成长。
- ☐ C. 欧洲的汽车销售量是正成长。
- ☐ D. 日本的汽车销售量是正成长。

143

3

2008年12月台湾国人买书平均花费

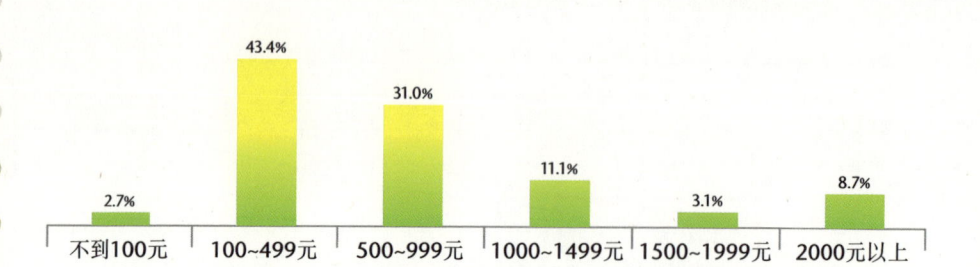

不到100元	100~499元	500~999元	1000~1499元	1500~1999元	2000元以上
2.7%	43.4%	31.0%	11.1%	3.1%	8.7%

☐ A. 11.1% ☐ B. 22.9%
☐ C. 31%   ☐ D. 43.4%

4

6月21日大东市市区的交通流量图

☐ A. 10:00-11:00 ☐ B. 12:00-13:00
☐ C. 14:00-15:00 ☐ D. 16:00-17:00

5

旺福食品企业2012网络媒体曝光预算表 🎧 62

	2011支出比例	2012 预算比例
知名博客网站	30%	15%
社群网站	20%	30%
关键词广告	20%	25%
门户网站横幅广告	10%	15%
会员电子报	10%	5%
搜索引擎	10%	10%

☐ **A.** 知名博客网站 ☐ **B.** 社群网站

☐ **C.** 关键词广告 ☐ **D.** 门户网站横幅广告

6

鸿大生技(8711)上市至今股价变化 🎧 63

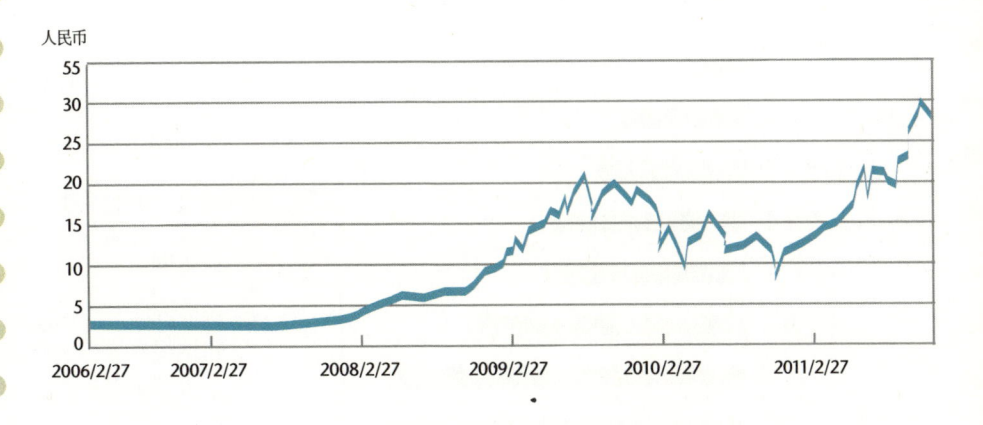

☐ **A.** 曲线上扬 ☐ **B.** 曲线下滑

☐ **C.** 曲线持平 ☐ **D.** 曲线波动

7

历年旅客来台旅游目的

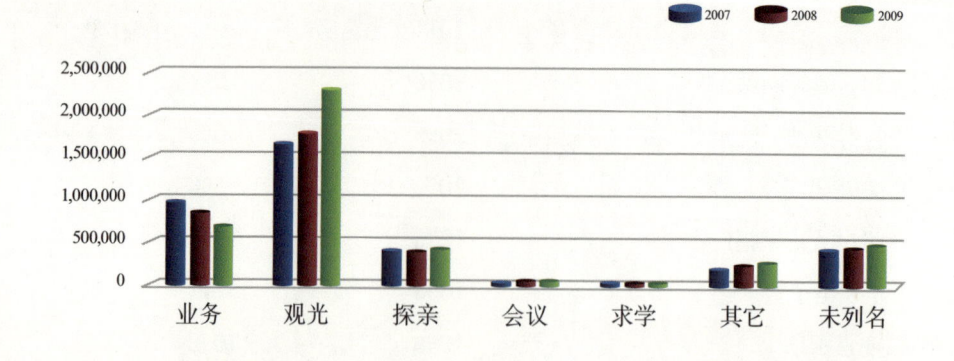

□ **A.** 来台洽公的旅客总数逐年递增。　　□ **B.** 来台洽公的旅客总数逐年递减。
□ **C.** 来台洽公的旅客总数维持不变。　　□ **D.** 大多数旅客来台目的是洽公。

8

手机网民上网时间分析

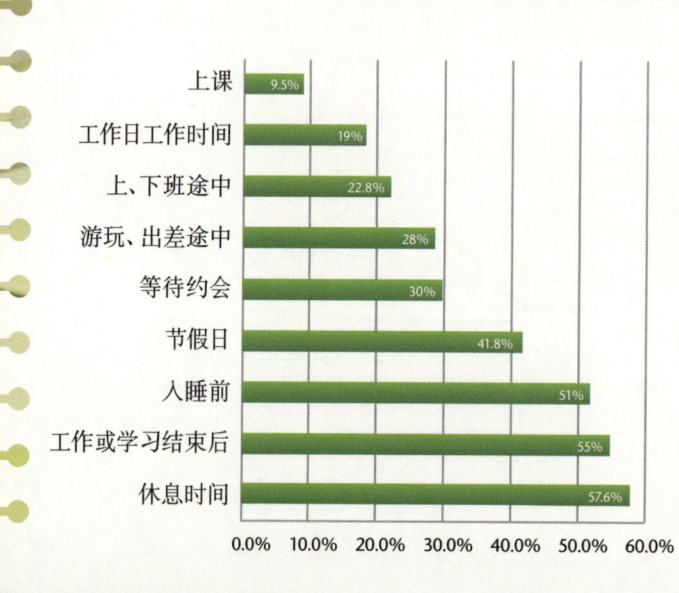

- 上课 9.5%
- 工作日工作时间 19%
- 上、下班途中 22.8%
- 游玩、出差途中 28%
- 等待约会 30%
- 节假日 41.8%
- 入睡前 51%
- 工作或学习结束后 55%
- 休息时间 57.6%

□ **A.** 将近三分之一的手机网民会在等待约会的时候用上网。
□ **B.** 超过一半的手机网民会在工作或学习结束后上网。
□ **C.** 将近百分之二十的手机网民在工作的时候不方便上网。
□ **D.** 在上课时候使用手机上网的网民最少。

9

2010年全球智能手机市场占有率

- A. TCC的市占率最小。
- B. iPlus的市占率比广通多出百分之一点九。
- C. 五星的市占率超过百分之四。
- D. 从市占率来看，十个人中有三个人是用电亚的手机。

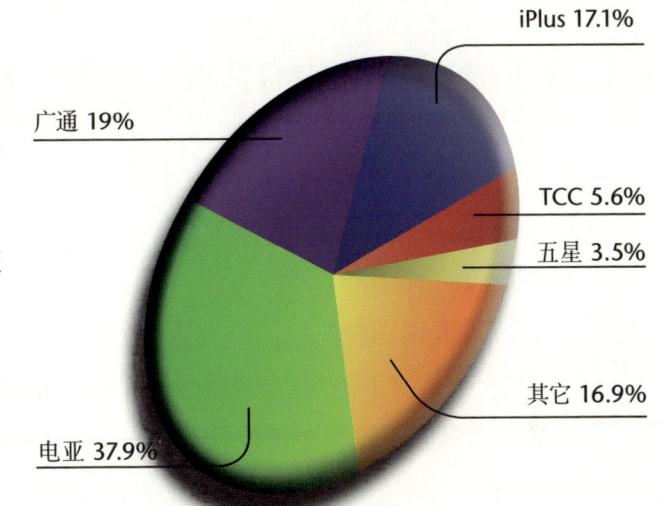

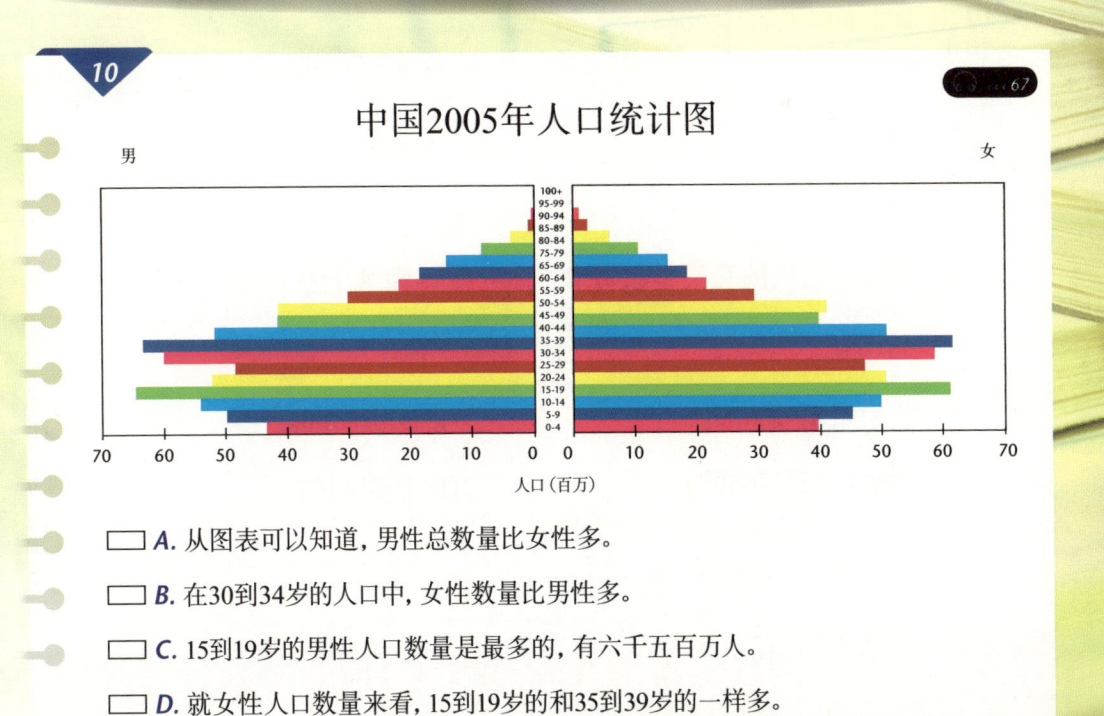

iPlus 17.1%
广通 19%
TCC 5.6%
五星 3.5%
其它 16.9%
电亚 37.9%

10

中国2005年人口统计图

男　　　　　　　　　　　　　　女

人口（百万）

- A. 从图表可以知道，男性总数量比女性多。
- B. 在30到34岁的人口中，女性数量比男性多。
- C. 15到19岁的男性人口数量是最多的，有六千五百万人。
- D. 就女性人口数量来看，15到19岁的和35到39岁的一样多。

听力二 听简短对话回答问题

说明: 11—30题，每道题都是两个人的简短对话，后面有一个问题。请你根据对话内容，在四个书面答案中选择唯一恰当的答案。

例如: 第13题, 你听到:

第三个人说: 13

第一个人说: 你搭几点的飞机离开？

第二个人说: 下午两点。

第三个人问: 他们在讨论什么？

你在试卷上看到四个答案:

☐ A. 开会时间　　　　　　☐ B. 吃饭时间

☐ C. 搭机时间　　　　　　☐ D. 接机时间

第13题唯一恰当的答案是C, 所以, 你应在答题纸上找到号码13, 在字母C上画一横道。

13　　☐ A. 开会时间　　　　☐ B. 吃饭时间
　　　■ C. 搭机时间　　　　☐ D. 接机时间

好, 现在我们开始做第11题。

11 〔〕68
- ☐ A. 上班
- ☐ B. 下班
- ☐ C. 加班
- ☐ D. 吃午饭

12 〔〕69
- ☐ A. 请喝
- ☐ B. 请用
- ☐ C. 请试
- ☐ D. 请你吃

13 〔〕70
- ☐ A. 很想
- ☐ B. 有点想
- ☐ C. 完全不想
- ☐ D. 不知道

14 〔〕71
- ☐ A. 公司
- ☐ B. 餐厅
- ☐ C. 机场
- ☐ D. 饭店

15 〔〕72
- ☐ A. 男生
- ☐ B. 女生
- ☐ C. 都不是
- ☐ D. 不知道

16 〔〕73
- ☐ A. 换汇
- ☐ B. 提款
- ☐ C. 开户
- ☐ D. 转帐

17 〔〕74
- ☐ A. 陈元元
- ☐ B. 黄志
- ☐ C. 两个人都是新人
- ☐ D. 两个人都不是新人

18 〔〕75
- ☐ A. 生气
- ☐ B. 威胁
- ☐ C. 害怕
- ☐ D. 厌恶

19 〔〕76
- ☐ A. 围巾
- ☐ B. 帽子
- ☐ C. 衣服
- ☐ D. 鞋子

20 〔〕77
- ☐ A. 同事
- ☐ B. 同学
- ☐ C. 朋友
- ☐ D. 亲属

21 🎧 78
- [ ] A. 失望的
- [ ] B. 兴奋的
- [ ] C. 无奈的
- [ ] D. 懊悔的

22 🎧 79
- [ ] A. 男生开会
- [ ] B. 男生塞车
- [ ] C. 男生迟到
- [ ] D. 男生忘记约会

23 🎧 80
- [ ] A. 致谢
- [ ] B. 敬酒
- [ ] C. 旅游
- [ ] D. 道别

24 🎧 81
- [ ] A. 每个人都像这个女生一样
- [ ] B. 不是每个人都像这个女生一样
- [ ] C. 每个人都和这个女生不一样
- [ ] D. 每个人都想和这个女生一样

25 🎧 82
- [ ] A. 推销
- [ ] B. 开会
- [ ] C. 面试
- [ ] D. 交货

26 🎧 83
- [ ] A. 结婚典礼
- [ ] B. 庆生活动
- [ ] C. 毕业典礼
- [ ] D. 告别单身派对

27 🎧 84
- [ ] A. 现代小孩子学才艺很可怜
- [ ] B. 现代小孩子不应该学才艺
- [ ] C. 现代小孩子的压力比大人大
- [ ] D. 现代小孩子从小就开始竞争

28 🎧 85
- [ ] A. 轻松的
- [ ] B. 讽刺的
- [ ] C. 愤怒的
- [ ] D. 愉悦的

29 🎧 86
- [ ] A. 谨慎小心的人
- [ ] B. 不拘小节的人
- [ ] C. 自私自利的人
- [ ] D. 心胸狭窄的人

30 🎧 87
- [ ] A. 产品
- [ ] B. 气候
- [ ] C. 政治
- [ ] D. 治安

听力三 听长对话回答问题

说明： 31—50 题，这部分试题都是两个人的一段对话，后面有若干问题。请你根据对话内容，在四个书面答案中选择唯一恰当的答案。

例如： 第40—41 题，你听到：

第三个人：第40 题到第41题是根据下面一段对话：

男：小花，听说你和先生下个月要去加拿大了？

女：咦？你怎么知道的呀？因为我先生的公司派他去那里出差一年，所以我就把工作辞了和他一起过去。

男：你真不够意思，这种好消息居然没有让我知道。(开玩笑口吻)

女：现在你不就知道了，咱们认识这么久了，你应该不会和我计较的，对吧？

第三个人根据这段对话提出两个问题：

40. 女生为什么要去加拿大？

你在试卷上看到四个答案：

☐ A. 因为想移民 ☐ B. 因为辞职了
☐ C. 因为自己的工作 ☐ D. 因为先生的工作

根据对话，第40题唯一恰当的答案是D，所以，你应该在答题纸上找到 号码40，在字母D上画一横道。

40. ☐ A. ☐ B. ☐ C. ■ D.

你又听到：41. 从对话可以知道男生和女生的关系是？

你在试卷上看到四个答案：

☐ A. 亲人 ☐ B. 朋友 ☐ C. 师生 ☐ D. 夫妻

根据对话，第41题唯一恰当的答案是B，所以，你应该在答题纸上找到号码41，在字母B上画一横道。

41. ☐ A. ■ B. ☐ C. ☐ D.

好，现在我们开始做第31到第34题。

31
- A. 小学行政人员
- B. 补习班人事部人员
- C. 人资服务公司职员
- D. 政府教育部人员

32
- A. 兼职经验
- B. 教学执照
- C. 大学文凭
- D. 兴趣相符

33
- A. 薪水低
- B. 离家远
- C. 需受训
- D. 前瞻性低

34
- A. 小学的英文老师
- B. 补习班的英文老师
- C. 以上两者皆是
- D. 以上两者皆非

35
- A. 同学会
- B. 婚礼
- C. 毕业典礼
- D. 研讨会

36
- A. 一年
- B. 两年
- C. 八年
- D. 十年

37
- A. 她还没有结婚
- B. 她的工作在上海
- C. 她现在是校花
- D. 她的工作很忙碌

38
- A. 一天
- B. 两天
- C. 三天
- D. 四天

39
- A. 相亲
- B. 工作
- C. 大学同学
- D. 网络交友

40
- A. 丈夫与妻子
- B. 姊姊与弟弟
- C. 妈妈与儿子
- D. 老师和学生

41
- A. 喜欢和同学在一起
- B. 不想和父母说话
- C. 情绪较不稳定
- D. 学业成绩退步

42
- A. 天下无难事，只怕有心人
- B. 罗马不是一天造成的
- C. 天下无不是的父母
- D. 失败为成功之母

43
- A. 完全赞同
- B. 不完全赞同
- C. 完全不赞同
- D. 不知道

44
- A. 政府
- B. 民众
- C. 学校
- D. 当地居民

45
- A. 问卷调查
- B. 资料搜集
- C. 以上皆是
- D. 以上皆非

46
- A. 因为她的宗教信仰
- B. 因为她妈妈喜欢拜拜
- C. 因为她本身的兴趣
- D. 因为她认识当地居民

47
- A. 他觉得没意义
- B. 他觉得不准确
- C. 他觉得准确
- D. 他觉得怀疑

48
- A. 坚果
- B. 洋芋片
- C. 辣味食物
- D. 冰淇淋

49
- A. 有企图心
- B. 喜欢竞争
- C. 具有魅力
- D. 非常自恋

50
- A. 食物和性格的关联
- B. 食物和性别的关联
- C. 赫西博士的食物研究
- D. 赫西博士的心理测验

听力四 听文章做笔记

说明：51—70 题，你将听到几段演讲，请你一边听一边记，根据听到的内容，将每段演讲后面的笔记补充完整。答案是一个词语，要求字数在10个字以内，请你把答案按题号写在答题纸的指定位置。注意：录音结束后，你还有1分钟时间来补充你的笔记。

例如：你在录音中听到：

你如何纾解排山倒海的压力呢？如果你过去的方法都不管用了，也许可以尝试一些有趣且安全的方法。

当压力或愤怒时，你可能会想要丢东西或弄坏东西。近期有一个日本的电玩游戏，可以满足你的冲动。藉由敲打游戏中的晚餐桌，甚至让它翻转赚取分数。所有的混乱都只有在屏幕上，玩家不需担心冲动后必须清理混乱的残局。

压力可能对你的健康造成永久性的伤害，所以纾发他是很重要的。拥有安全的纾压管道，你就可以成为一个更健康、快乐的人。

你同时在试卷上看到：

听课笔记

题目：和 __51__ 说再见

有一个 __52__ 电玩游戏提供玩家在游戏中纾解压力。

透过纾解压力的游戏，可以满足玩家想丢东西或弄坏东西的 __53__ 。

太多的压力会影响身体的 __54__ 。

根据前面听到的演讲的内容，我们可以判断该段演讲的题目最有可能是"和压力说再见"，所以51题的正确答案是"压力"，你应该把该答案填写在答题纸的指定位置。现在，听力理解考试第四部分正式开始。

听课笔记

题目：世界和平的希望—__51__

__52__ 被联合国介定为基本人权之一。
爱心教育家葛瑞格•摩顿森曾提名诺贝尔__53__。
摩顿森因为登山健行__54__ 而发现柯尔飞村落没有学校。
一九九六年摩顿森在柯尔飞村落建立一所学校和__55__。
目前中亚协会创办了__56__ 所学校。
过去被视为不该接受教育的__57__ 也开始在中亚协会建立的学校中接受教育。
恐怖份子的威胁、战火侵袭和__58__ 是中亚协会建校过程中面临的困难。
因为这些学校，南亚地区的孩子现在拿起了笔学习而不是__59__。
中亚协会的__60__ 活动呼吁全世界的人捐款或物资给这些学校的小孩。

听课笔记

题目：维他命补充剂所能提供的__61__ 价值

人们购买维他命补充剂的目的是想要增进__62__。
食用综合维他命补充剂的人通常想预防__63__ 和癌症。
很多人食用__64__ 补充剂来预防感冒。
维他命补充剂的产生是想取代__65__ 和水果所提供的营养。
科学家萃取蔬菜水果的物质，制造出__66__ 型式的各种维他命补充剂。
研究显示，许多维他命补充剂并无法达到理想的功效。
蕃茄或豆类有许多人类所需的__67__。
透过__68__ 宣传，维他命补充剂公司仍掌握市场舆论。
提供维他命补充剂的厂商是__69__ 公司，对他们来说获利很重要。
如果利用__70__ 做为摄取维他命的快捷方式，结果可能弊多于利。

综合运用一　虚词、关联词语填空

说明：71—80题，这部分每个句子都缺少一个虚词(量词、介词、连词、助词、感叹词等)或一对关联词语。每个句子后有Ａ Ｂ Ｃ Ｄ四个选项，其中只有一个可以使句子更完整，更准确。

例如：72. ＿＿＿＿ 来了，就一起吃个饭再走吧！

　　☐ A. 已经　　　　　　　☐ B. 果然
　　☐ C. 突然　　　　　　　☐ D. 既然

只有"既然"可以让句子更完整，更准确，所以第72题的答案是D。你应该在答题纸上找到号码72，在字母D上画一横道。

72. ☐ A.　☐ B.　☐ C.　■ D.

71 这次参展拿到的订单大概有两百笔＿＿＿＿。
　　☐ A. 多少　　　　　　　☐ B. 左右
　　☐ C. 等等　　　　　　　☐ D. 来

72 ＿＿＿＿！我忘记把行程表寄给副总了。
　　☐ A. 嗯　　　　　　　　☐ B. 喂
　　☐ C. 喔　　　　　　　　☐ D. 啊

73 ＿＿＿＿烦恼业绩不好，＿＿＿＿开始打电话开发客户。
　　☐ A. 与其……不如……　　☐ B. 既然……那……
　　☐ C. 虽然……但是……　　☐ D. 即使……也……

156

74 王经理 _____ 大家的面斥责小廖的绩效不好。
- A. 当着
- B. 向着
- C. 冲着
- D. 看着

75 _____ 有你的帮忙，要不然我真的不知道该怎么办。
- A. 难道
- B. 关于
- C. 幸亏
- D. 如果

76 他都这 _____ 年纪了，还不想结婚生子。
- A. 把
- B. 道
- C. 几
- D. 点

77 他会说很多国语言，_____ 阿拉伯语 _____ 会说。
- A. 只有……才……
- B. 连……都……
- C. 就算……也……
- D. 既然……就……

78 _____ 完成这份简报，他工作到晚上十二点才回家。
- A. 除了
- B. 由于
- C. 自从
- D. 为了

79 我 _____ 在出版社当过编辑。
- A. 曾经
- B. 已经
- C. 也许
- D. 正在

80 人 _____ 梦想 _____ 伟大。
- A. 由……而……
- B. 因……并……
- C. 为了……而……
- D. 因……而……

实用汉语水平认定考试 実用中国語レベル認定試験

综合运用二　实词词序

说明：81—90题，每道题的 A B C D 四个句子中都有一个相同的词，请判断这个词在句子的哪个位置上最恰当。

例如：83. ☐ A. 这件事我们可以好好商量商量。

　　　　 ☐ B. 这件事可以我们好好商量商量。

　　　　 ☐ C. 这件事我们好好可以商量商量。

　　　　 ☐ D. 可以这件事我们好好商量商量。

第83题唯一恰当的答案是A，你应该在答题纸上找到号码83，在字母A上画一横道。

83. ■ A.　☐ B.　☐ C.　☐ D.

81
　　☐ A. 大概我们公司有三百个员工。

　　☐ B. 我们公司有三百个员工大概。

　　☐ C. 我们公司有三百大概个员工。

　　☐ D. 我们公司大概有三百个员工。

82
　　☐ A. 根据公司规定，请假须在三天前办理。

　　☐ B. 公司根据规定，请假须在三天前办理。

　　☐ C. 公司规定，请假根据须在三天前办理。

　　☐ D. 公司规定根据，请假须在三天前办理。

83
- A. 因为我想买的颜色都没有了,所以只好我买黑色的。
- B. 因为我想买的颜色都没有了,只好所以我买黑色的。
- C. 因为我想买的颜色都没有了,所以我买黑色的只好。
- D. 因为我想买的颜色都没有了,所以我只好买黑色的。

84
- A. 我以为我的钱包不见了,在原来你那里。
- B. 我以为我的钱包不见了,原来在你那里。
- C. 我以为我的钱包不见了,在你那里原来。
- D. 我以为我的钱包不见了,在你原来那里。

85
- A. 你不用谢我,朋友本来就互相应该帮忙。
- B. 你不用谢我,朋友互相本来就应该帮忙。
- C. 你不用谢我,朋友本来就应该互相帮忙。
- D. 你不用谢我,朋友本来互相就应该帮忙。

86
- A. 天气**渐渐**转凉了,你要小心不要着凉了。
- B. **渐渐**天气转凉了,你要小心不要着凉了。
- C. 天气转凉了,你要小心不要**渐渐**着凉了。
- D. 天气转凉了,你要**渐渐**小心不要着凉了。

87
- A. 明天我一定要去逛街,**就算**下雨我也要去。
- B. 明天我一定要去逛街,下雨我也**就算**要去。
- C. 明天我**就算**一定要去逛街,下雨我也要去。
- D. 明天我一定要去逛街,下雨**就算**我也要去。

88
- A. 几乎他的坏脾气害他丢了工作。
- B. 他的坏脾气害他丢了几乎工作。
- C. 他的几乎坏脾气害他丢了工作。
- D. 他的坏脾气害他几乎丢了工作。

89
- A. 他总是自己的意见是对的，认为别人的都是错的。
- B. 他认为总是自己的意见是对的，别人的都是错的。
- C. 他总是认为自己的意见是对的，别人的都是错的。
- D. 他总是自己的意见认为是对的，别人的都是错的。

90
- A. 我们是很好的朋友，但是他选择做非法的事，我也尽管不能谅解他。
- B. 尽管我们是很好的朋友，但是他选择做非法的事，我也不能谅解他。
- C. 我们是很好的朋友，但是他尽管选择做非法的事，我也不能谅解他。
- D. 我们是很好的朋友，但是他选择做非法的事，尽管我也不能谅解他。

说明：91—100题，每个题目有四个句子，请在 A B C D 四个句子中选择唯一恰当的答案。

例如：95. 这件事 _____ 。

　　□ *A.* 没有实在谁对谁错　　　　□ *B.* 谁对谁错实在没有

　　□ *C.* 实在没有谁对谁错　　　　□ *D.* 没有谁对谁错实在

第95题唯一恰当的答案是C，你应在答题纸上找到号码95，在字母C上画一横道。

95. □ *A.*　□ *B.*　■ *C.*　□ *D.*

91 _____ ，我都还没收到他的消息。

　　□ *A.* 到目前为止　　　　□ *B.* 目前到为止

　　□ *C.* 到为止目前　　　　□ *D.* 为止到目前

92 人 _____ ，你就不要生她的气了。

　　□ *A.* 会犯错难免　　　　□ *B.* 难免会犯错

　　□ *C.* 难免犯错会　　　　□ *D.* 犯错会难免

93 他这么做 _____ 。

　　□ *A.* 为了都是吸引她的注意　　　　□ *B.* 都是为了吸引她的注意

　　□ *C.* 都是为了注意她的吸引　　　　□ *D.* 都是为了注意吸引她的

94 社群网站有很多 _____ 。

　　□ *A.* 问题隐私方面的　　　　□ *B.* 隐私的方面问题

　　□ *C.* 隐私问题的方面　　　　□ *D.* 隐私方面的问题

实用汉语水平认定考试 実用中国語レベル認定試験

95 很多报导说喝太多咖啡＿＿＿＿＿＿。
- A. 对健康有害
- B. 对有害健康
- C. 健康对有害
- D. 有害对健康

96 这＿＿＿＿＿＿，为什么你要一直替他说话？
- A. 他的错明明就是
- B. 明明就是他的错
- C. 他的错就是明明
- D. 就是明明他的错

97 你的老板＿＿＿＿＿＿呢？
- A. 是否这份合约同意
- B. 同意这份是否合约
- C. 这份合约是否同意
- D. 是否同意这份合约

98 这次暴风雪＿＿＿＿＿＿。
- A. 很大的灾害造成
- B. 很大造成的灾害
- C. 造成很大的灾害
- D. 很大的造成灾害

99 如果这件事不成，我们可以＿＿＿＿＿＿。
- A. 想想别的计划
- B. 想想计划别的
- C. 计划别的想想
- D. 别的计划想想

100 他很有决心，＿＿＿＿＿＿，一定要成功。
- A. 付出不管多少代价
- B. 多少代价付出不管
- C. 不管付出多少代价
- D. 不管付出代价多少

综合运用三 词汇和阅读

说明：101—130题，这部分试题要求你阅读6篇短文，每篇短文后面都有5个题目，每个问题都有ＡＢＣＤ四个答案。请你根据短文，选择唯一恰当的答案。

请注意：每篇短文后的第5个题目（即105题、110题、115题、120题、125题和130题）都是一道考查词汇的题目，ＡＢＣＤ四个答案是对句中画线词语的解释，请你判断哪个解释最为恰当。

例如：

> 小春是个可爱的女孩，所以初认识时大家一起出外游玩总会约她。出门难免会花上一些钱，或多或少，就看去什么地方。奇怪的是，小春和朋友出门从来不带钱，所以朋友都叫他小气春。她也不以为意，仍然我行我素。久而久之，大家也就不将她列在受邀名单之中了。

110. 小春和朋友出门从来不带钱，所以朋友都叫他<u>小气</u>春。
　　☐ A. 节俭　　☐ B. 慷慨　　☐ C. 吝啬　　☐ D. 轻浮

对句子中的画线词语"小气"最恰当的解释是答案C"吝啬"，所以，你应该在答题纸上找到号码110，在字母C上画一条横道：
110. ☐ A.　☐ B.　■ C.　☐ D.

101~105

　　很多有健康意识的人都因坚果的高脂肪和高热量而对它敬而远之。然而这些人都忽略了一件关于健康食物的重要事实：并非所有的脂肪都是不好的，而坚果正是其中被误会的食物之一。

　　脂肪的种类有好有坏。好的脂肪存在于橄榄油、酪梨等食物之中，它们帮助降低有害的胆固醇，同时降低食欲。而坏的脂肪存在于垃圾食物和许多动物食品中，它们增加罹患心脏病的风险，并使人体重增加。

　　坚果富含有助于降低血压和减少中风机率的健康脂肪，更遑论它是蛋白质、纤维和维生素的绝佳来源。有些科学家更宣称坚果可能有助于防癌，不过切记，这所有的健康益处并不表示你可以肆无忌惮地随时把坚果当零食吃。坚果热量高，因此要吃得聪明也要吃得节制。

　　营养学家建议每天大约只能吃三十到六十公克的坚果。开始把一包坚果当零食吃的人很容易超过这个数量。不妨试着将坚果加入食谱中，例如：可以把磨碎的夏威夷豆和杏仁撒在鲑鱼上。此外，如果饮食中因加了坚果而热量提高，那就应该降低其它饮食的热量，或许可以选择将饼干中的巧克力碎片换成坚果。此外，吃坚果也意味着可以减少肉类的摄取量，因为它们属于同一种食物群，都包含了非乳制品来源的蛋白质。

　　吃坚果很容易产生饱足感，当把它们当成零食或正餐的一部份时，即使少量也应该觉得饱足。如果想吃坚果的话，就尽管吃吧！只要记得别失控吃太多了。

101 哪些食物不拥有好的脂肪？
- **A.** 酪梨
- **B.** 杏仁豆
- **C.** 橄榄油
- **D.** 洋芋片

102 根据作者所言，许多人对坚果有什么错误印象？
- **A.** 坚果吃太多会发胖
- **B.** 坚果可以拿来调味
- **C.** 坚果的脂肪有害健康
- **D.** 坚果可以提供蛋白质

103 肉类主要可以提供什么营养？
- **A.** 纤维
- **B.** 蛋白质
- **C.** 维生素
- **D.** 矿物质

104 针对坚果的食用，作者有什么建议？
- **A.** 适量食用有益健康
- **B.** 想吃多少就吃多少
- **C.** 高血压患者不宜食用
- **D.** 不要食用因为热量太高

105 它们增加<u>罹患</u>心脏病的风险，并使人体重增加。
- **A.** 染病
- **B.** 传染
- **C.** 获得
- **D.** 遭受

106~110

　　你也许知道目前的能源危机，但是你知道我们也正面临日益严重的粮食危机吗？联合国粮农组织指出全球约有十亿人营养不良。二零一零年上半年一连串的天灾甚至让情况更严重。

　　近年的许多头条新闻描绘出一个黑暗的情景：欧洲的干旱、俄罗斯的野火与巴基斯坦的洪水。这已导致农作收成情况不良，并且让小麦之类的谷物价格上涨。大体来说，全世界的食物价格正逐渐升高中。

　　还有其它因素让全球的粮食危机更加恶化，例如：地球人口持续成长。如果我们无法养活现在全世界的六十六亿人，我们要如何在二零五零年时供应食物给地球上将有的九十亿人？这个问题让科学家和世界各国领袖纷纷致力于寻求解决之道。

　　粮食危机的解决方法确实存在。美国与其它已开发国家可以在短期内提供经济协助，尤其是供给那些受饥荒之苦的国家。但就长期而言，帮助开发中国家获得并且运用较好的农耕技术，以及投资研发更新的农耕技术才是更为必要的。

　　至于我们可以做什么协助解决粮食危机问题呢？首先，先从少吃肉开始。毕竟一磅的牛肉需要十六磅的谷类或大豆才能制造出来。我们也可以尽量食用在地栽种的食物，联合国甚至建议在个人饮食中加入虫子，因其富含蛋白质和维他命，而且虫子农场所制造出的温室气体比畜牧场还少。

　　我们正面临一场全球性的粮食危机，要确保现在或未来都没有人会受饥饿之苦，有赖我们每一个人的努力。

106 哪一句话可以作为本篇文章的题目？
- A. 全球能源危机
- B. 全球人口危机
- C. 全球粮食危机
- D. 全球天灾危机

107 下列哪个不会导致更严重的粮食危机？
- A. 人口持续成长
- B. 谷物价格持续上涨
- C. 多吃当地饲养的牛肉
- D. 多吃当地栽种的食物

108 作者建议如何解决长期的粮食危机问题？
- A. 各国应提倡节育
- B. 食用虫子取代肉类
- C. 投资研发农耕技术
- D. 已开发国家提供经济协助

109 作者认为解决粮食危机是谁的责任？
- A. 每个人
- B. 联合国
- C. 科学家
- D. 已开发国家

110 还有其它因素让全球的粮食危机更加<u>恶化</u>，例如：地球人口持续成长。
- A. 成长
- B. 严重
- C. 稳定
- D. 增加

116~120

　　近期一份科学研究显示，要从一段情伤中复原，或许就跟试着要戒断毒瘾一样。在纽约某一医学院所做的一项研究中，研究人员召集了十五位刚经历情伤的年轻人。研究人员展示毫不相关的照片，以及他们旧情人的照片给这些实验对象看，同时用核磁共振扫描仪监测他们的大脑活动。当旧爱的照片呈现在实验对象眼前时，其大脑掌管刺激、渴望和身体疼痛的区域都显示出活动增加的现象。

　　不过有位教授对这个研究抱持怀疑的态度。他指出虽然大脑中连结毒瘾的区域也同时在受情伤所苦者的大脑中亮起来，这不全然表示这是类似的经历。其它人也同意分手如同戒毒瘾的说法扯太远了。

　　多数人对一个人如何治愈心碎所必须采取的步骤有一致的想法，即有良好的社交网络是很重要的。和家人或朋友谈谈你分手的事，并且从这个经验中学习，远比为旧情憔悴消瘦要来得有益。有些人还建议，要抗拒在网络上查看旧情人近况的诱惑。最后，"时间会治疗一切"，这句古谚可能所言不假。一份研究显示，分手的时间越久，大脑中掌管依恋区域的活动量便会越减缓。有人甚至还建议，分手后藉由另一段新的爱情来治愈旧伤，是最快的复原方式。

116 关于文章所提的实验，哪一个叙述是错误的？
- A. 受试者都是年轻人
- B. 受试者一共有十五个人
- C. 受试者都分手了一段时间
- D. 受试者会看到旧情人的照片

117 从实验中可以得知：
- A. 失恋者和毒瘾者的大脑活动相同
- B. 失恋者和毒瘾者的大脑活动相似
- C. 失恋者和毒瘾者的大脑活动不同
- D. 失恋者和毒瘾者的大脑活动无关联

118 哪一项不是文章所建议的治愈失恋的方法？
- A. 多参加社交活动
- B. 多和亲友们聊天
- C. 谈一段新的恋情
- D. 到旧情人博客查看近况

119 作者对于"分手后的心情像戒断毒瘾一样"的说法抱持怎样的态度？
- A. 支持的
- B. 反对的
- C. 中立的
- D. 怀疑的

120 "时间会治疗一切"这句古谚可能所言不假。
- A. 说的话不是借口
- B. 说的话是可信的
- C. 说的话不是假设的
- D. 说的话是不必要的

121~125

　　中国有很多童玩，其中扯铃、陀螺和毽子是常见且历久不衰的玩具。

　　扯铃是我国的民俗技艺，也是相传已久的童玩之一。以前是用竹、木制成，现在则发展出其它各种材质。它的形状特殊，有的是在细圆木棍两端各有一个圆盘，有的是只有一个圆盘。将绳子绕细圆木上，双手拉动绳子圆木和圆盘快速转动。除了双手，这项活动还需要全身肢体互相配合，扯铃才能转得快，转得顺畅，转出各式各样漂亮的动作。十八世纪时，扯铃传入英国，顿时英国人迷上这个神奇的小玩意儿，称它为"两根棍子上的精灵"。

　　陀螺是一种木头制的圆锥形玩具，下端有铁制的尖头，只要绕上绳子，急甩出去，陀螺就能在地上直立旋转。陀螺的起源非常早，根据历史记载，中国在宋朝时就已出现了陀螺这类的玩具。陀螺这项玩具不只轻、小、便宜，又兼具体能、技巧与科学概念。陀螺是一项老少咸宜、男女不分的玩具，因此陀螺的造型也很多样，大小更是从小指头般大小，到三、四十公斤，甚至七、八十公斤都有。

　　毽子是一种以皮或布包裹钱币，并在钱孔中装上羽毛所制成的玩具。游戏时，用脚连续踢毽子，使毽子不掉到地上。踢毽子是我国古代一项著名的游戏，起初只有贵族可以玩，玩法和踢足球很像，因此有人说踢毽子是中国古代的足球运动。古时的踢毽子游戏通常是好几个人一起同玩，把毽子往上踢，传给另一位，毽子不可以掉到地上。慢慢地，踢毽子从皇室贵族间的游戏，演变成一般市民都喜爱的活动，成为中国传统的民俗运动。

121 关于扯铃和陀螺比较,哪项是正确的?
- A. 扯铃可以直立旋转,陀螺不行
- B. 陀螺比扯铃需要全身肢体活动
- C. 扯铃和陀螺都需要绳子才可以玩
- D. 扯铃是木制的,陀螺则是铁制的

122 关于毽子的叙述,哪项是错的?
- A. 玩毽子得用脚踢
- B. 毽子是贵族特有的玩具
- C. 毽子是由钱币、羽毛和布制成的
- D. 一群人一起玩毽子时,如果毽子先掉在地上就输了

123 "两根棍子上的精灵"是指什么童玩?
- A. 扯铃
- B. 陀螺
- C. 毽子
- D. 跳绳

124 毽子的游戏规则和哪一个球类游戏相似?
- A. 足球
- B. 排球
- C. 桌球
- D. 羽毛球

125 中国有很多童玩,其中扯铃、陀螺和毽子是常见且<u>历久不衰</u>的玩具。
- A. 经历很长时间却不受欢迎
- B. 经历很长时间却没有衰退
- C. 没有经历很长时间就衰退了
- D. 没有经历很长时间就很受欢迎

126~130

疫苗是现代科学的重要发现，它们根绝或降低过去曾夺走数百万人生命的重大疾病，并让世人的生活过得更好。不过，现在有一股越来越具影响力的反疫苗接种运动努力说服大众疫苗会危急我们孩子的性命。尽管接种疫苗有引发并发症的可能性，但受到影响的人的比率却是微乎其微。

反疫苗的人士所举出的一项最有力的证明是一九九八年将麻疹、腮腺炎、德国麻疹三合一疫苗和自闭症作连结的研究，他们指出孩童在施打疫苗不久后便出现脑部病变的案例。对他们来说，这些有因果关系的，但结果其实是这些孩童无论有没有接种疫苗，都会得自闭症。尽管许多出炉的研究证实麻疹、腮腺炎、德国麻疹三合一疫苗和自闭症毫无关联，但反疫苗活动人士仍拒绝采信这些结果。

很不幸地，这项反疫苗运动对我们所有人都造成威胁。例如二零一零年，一名父母拒绝让他接种疫苗的孩童，他从海外返回加州，他感染了麻疹并传染给其它十二名孩童。这十二名孩童中的九名孩童，他们的父母拒绝让孩子接种，其它三名则是未达接种年龄。这个事件显示，只有当你和身边的人都接种了疫苗，才真的能受到保护。

群体免疫力是指高比例的人口接种疫苗便能防止疾病的散播，这是因为疾病无法找到新宿主，未达接种年龄的孩童会因为周遭的人接种了疫苗而安然无恙。危险疾病不会经常在这个群体中传播，因此得以让非常稚龄的孩童有机会成长、之后再接种疫苗。反疫苗运动扼杀了这种群体免疫效果，后果就是让最脆弱的孩童面临极大的危险。

听信非专业人士的建言并非明智之举，这些人包括知名的主持人、光鲜亮丽的名人等。医生说接种疫苗比承担生病的风险要来得安全。这似乎是个明智的忠告，但有些人宁愿拿自身的健康做赌注。

126. 从文章中可以得知麻疹疫苗和自闭症有什么关联?
- A. 施打麻疹疫苗的孩童容易变成自闭症
- B. 施打麻疹疫苗的孩童不会变成自闭症
- C. 施打麻疹疫苗和变成自闭症没有绝对关系
- D. 施打麻疹疫苗的孩童变成自闭症的机率很低

127. 二零一零年发生的麻疹传染事件,其中三位孩童被传染麻疹的原因为何?
- A. 孩童拒绝接受疫苗
- B. 父母传染麻疹给孩子
- C. 父母拒绝孩子接种疫苗
- D. 孩童未达接种疫苗年龄

128. 什么是群体免疫力?
- A. 一群人都有抵抗疾病的能力
- B. 只有一群人有抵抗疾病的能力
- C. 一群人一起产生抵抗疾病的能力
- D. 只有一群人一起产生抵抗疾病的能力

129. 作者对接种疫苗的立场是什么?
- A. 应该听信名人的建言
- B. 应该加入反疫苗运动
- C. 应该避免让孩童上学
- D. 应该要让孩童接种疫苗

130. 但受到影响的人的比率却是<u>微乎其微</u>。
- A. 非常少
- B. 非常好
- C. 非常多
- D. 非常糟

综合运用四 挑错

说明：131—140题，每段话都画出了A B C D四个部分，请挑出有错误的一部分，在答题纸的字母上画一横道。

131
这几年中国的经济快速起飞，吸引了外来投资客许多，
　　　　　A　　　　　　　　　　　　B
他们处处寻找新的机会，酝酿着新的"中国梦"。
　　　C　　　　　　　　　D

132
过去的中国以农业为主，牛扮演着很重要的角色，
　　　　　A　　　　　　　　　B
是用来协助耕作了，因此到现在还有很多老人不吃牛肉以示尊敬。
　　　C　　　　　　　　D

133
我喜欢城市的生活，虽然城市生活的步调很快的话，
　　　　A　　　　　　　　B
但每天都有新的惊喜，让我的生活多采多姿。
　　　C　　　　　　D

134
近几年流行的社群网站，似乎拉近了人与人之间的距离，
　　　　A　　　　　　　　　B
但是否心理上的距离更加也靠近了呢？这是很多人心里的问号。
　　　　　C　　　　　　　　　　　D

134 近几年流行的社群网站，似乎拉近了人与人之间的距离，
　　　　A　　　　　　　　　　　B

但是否心理上的距离更加也靠近了呢？这是很多人心里的问号。
　　C　　　　　　　　　　　　　D

136 现代人工作压力大，不仅平日工时长，
　　　A　　　　　　B

有时周末也得到公司加班，过了毫无质量的生活。
　　　C　　　　　　　　D

137 曾想过有一天可以回到过去吗？
　　　　A
时光旅行的可行性一直在科学界备受讨论，
　　　　B
如果叫你真的回到过去有一天，你会做什么呢？
　　C　　　　　　　　D

138 这几年爆发的金融危机，其造成的负面影响，
　　　　A　　　　　　　B

除了让许多投资客破产，再导致许多金融机构倒闭。
　　C　　　　　　　D

139 中国许多省份人口快速外移现象，人口流失地区使得因高龄化，
　　　　A　　　　　　　　　　　B

生产者少，势必越来越加重养老负担。
　C　　　　D

140 根据研究，许多年轻人在成长过程有电玩相伴，
　　　A　　　　　B

而接触暴力性电玩长期的人，将较缺乏感受他人痛苦的同理心。
　　　C　　　　　　　　　D

综合运用五 综合填空

说明：141—150题，每段话中都有若干个空儿（空儿中标有题目序号），请根据上下文的意思，在答题纸上的每一个空格中填写一个恰当的词语。

例如：141—145

　　许多人认同红色是漂亮的 <u>141</u>，然而红色不 <u>142</u> 是女性的专利。根据新的研究显示，男性穿红色也很好看。

　　在该研究 <u>143</u>，女性认为穿红色衣服的男性比较好看，那些男性看 <u>144</u> 社会地位也较高。事实上，男性也可能会因为穿红色而更有自信！

　　红色 <u>145</u> 我们有种自然的影响力。所以下次若想让人眼睛一亮，穿一身红就对了！

参考答案：141 颜色　　142 只　　143 中　　144 起来　　145 对

141~145

　　如果你的视力不 <u>141</u>，这里有一个好消息要告诉你—英国的科学家最近发现如何预防近视的方法。

　　近视的人只看 <u>142</u> 清楚前方近距离的事物，这是全球普遍的问题。随着人们成长的同时，眼睛 <u>143</u> 会生长，有时后眼睛过度生长会导致 <u>144</u>。看电视、阅读或是待在室内都会使情况恶化。然而科学家找到 <u>145</u> 会使眼睛过度生长的基因。目前科学家仍在研究要如何运用该项知识预防及治疗近视，或许有朝一日，近视可能以眼药水或是药物来治疗即可。

141 _____　　142 _____

143 _____　　144 _____

145 _____

146~150

　　如果你问 146 谁发明意大利面，你每次都会的得到不同的 147。有的人说是中国人发明的， 148 人说是阿拉伯人。不过近来意大利面只代表一个国家：意大利。

　　意大利人热爱意大利面。一个意大利人平均每年吃 149 六十磅的意大利面。而最好的意大利面也来自意大利。它是用特殊面粉做成的，煮起来恰到好处。它也有粗糙的表面，这种粗糙表面很重要，因为酱汁 150 容易黏附在上面。

146 _____　　　147 _____

148 _____　　　149 _____

150 _____

综合运用六 造句

说明： 151—160题，每段文字中都有若干个标有题目序号的空儿，请你根据上下文的意思，在每个空儿中补出一个合适的句子，并在答题纸上的相应位置写出这个句子。

151~152

昨天我看了一部取材自真实故事的电影，电影讲述一个很有运动细胞的男孩，因为家庭环境的关系，无法接受正统的训练，后来他遇到好心的一家人，这一家人不但收留男孩，而且让他去学校上课，__151__，后来他真的成为了一个知名的运动家。

看完这部片，对于这一家人的善良与付出让我非常感动，当然男孩也是一个幸运的孩子，这一家人彻底改变他的人生，但这个世界上并非每个孩子都能这么幸运，__152__，每次看到这样的电影，就让我非常感动，我也期许自己能成为一个对他人有正面影响力的人。

151 _____

152 _____

153~155

每个人心目中都有一个崇拜的偶像或英雄，至于我的英雄是谁呢？蜘蛛人？超人？蝙蝠侠？都不是！__153__。

我的爸爸是一个很棒的人，他聪明又友善。他是个老师，教书教了十六年，所以他教过很多学生。在学校，__154__；但在家里，他是我专属的老师，他教我很多待人处世的道理，还有指导我课业上的问题。周末或假期，他会带着全家人一起去旅行，只要有我爸爸在的地方，我都觉得很有

安全感。在学校,他是个好老师;在家, 155 。

我的朋友都很羡慕我有一个好爸爸,我也很骄傲我有一个好爸爸。

153 _____

154 _____

155 _____

156~157

你知道你的脑年龄是几岁吗?在一项针对上班族脑力的调查显示,百分之五十的上班族觉得有注意力不集中的问题。 156 ,这项调查也显示32岁上班族的平均脑年龄居然是52岁。据医师表示,这种情况会严重影响思绪。营养专家建议,多吃高蛋白食物如鸡精和水煮蛋有助于提升记忆力, 157 。

156 _____

157 _____

158~160

中国有许多地方值得一去的地方, 158 ,那就是万里长城。她是世界上最伟大的建筑之一,有人说从月球上可以看到万里长城的建筑,当然这样的说法目前还具有争议性, 159 !万里长城在1987年被联合国教科文组织列文世界文化遗产,目前已成为知名的观光景点,因此到北京的观光客几乎都会到长城一游。因为长城有很多的阶梯,所以建议去长城前,要先训练一下体力, 160 ,那就真是太可惜了。

158 _____

159 _____

160 _____

实用汉语水平认定考试解答 実用中国語レベル認定試験の解答例

🎧 听力理解 リスニング

听力一：看图回答问题　図を見て質問に答える

1. 男：在和硕企业2010年业绩表现报告图表中，可以看到其四个季度的预估销售额及实际销售额的折线变化。
   女：从哪一个季度开始，实际销售业绩低于预估销售业绩？

2. 男：延续2008年金融风暴的影响，2009年全球的汽车销售量普遍衰退，其中又以美国所受到的冲击最大。
   女：关于2008年和2009年汽车销售量的叙述，哪一项是正确的？

3. 男：随着网络获取资讯的便利性越来越高，改变了许多人的阅读习惯，但还是有人愿意将钱花在购买书籍上。
   女：有多少百分比的人花费超过千元购买书籍？

4. 男：这是6月21日大东市市区的交通流量图，其中有两个高峰点。
   女：在哪一个时段的交通流量达到最高峰？

5. 男：此图表为旺福食品企业2012年网络媒体曝光预算表，另提供了2011年的支出比例以供参考。
   女：比较2011年和2012年的数据，哪一项支出的比例变化最大？

6. 男：这是鸿大生技从2006年上市以来的股价趋势图，从其曲线图显示，其股价在2009年开始持续上扬。
   女：关于鸿大生技从2010年下半年开始的股价变化，你可以怎样形容？

7. 男：这是台湾交通部观光局针对2007年到2009年旅客来台旅游目的的调查表，其中可以得知业务、观光和探亲是旅客来台最主要的目的。
   女：关于来台目的为洽公的统计数据，哪一项是对的？

8. 男：根据统计，截至2011年6月底，手机网民规模达3亿，且规模持续不断扩大，成为不可忽视的商业潜力。
   女：从这份数据无法得知哪个讯息？

9. 男：根据北京知名市调公司数据显示，2010年全球智能手机市场占有率以来自美国的电亚为最高，占百分之三十七点九。
   女：请问关于市占率的叙述，哪一个是正确的？

10. 男：这是中国2005年的人口统计图，其中可以看到男性和女性的人口比例以及不同年龄的人口数量。
    女：关于人口数量的叙述，哪一个是错的？

| 1. C | 2. A | 3. B | 4. D | 5. A |
| 6. A | 7. B | 8. C | 9. D | 10. B |

180

听力二: 听简短对话回答问题　短い会話を聞き質問に答える

11. 女: 大家工作辛苦了,我先走了。
    男: 好,路上小心。
    Q: 女生打算做什么?

12. 女: 这道菜是中国的名菜,您一定得试试。
    男: 好的,谢谢你。
    Q: 女生夹菜给男生可以说什么?

13. 男: 臭豆腐是很有名的小吃,你要不要试试看?
    女: 我很怕它的味道。谢谢我心领了。
    Q: 女生想试试看臭豆腐吗?

14. 女: 请问您就是王建中经理吗?我代表ABC公司来接您。
    男: 是的。抱歉,飞机晚点了一个钟头,让你久等了。
    Q: 他们说话的地点应该在哪里?

15. 男: 这几天会议进行地很顺利,也很谢谢你们的殷勤招待。
    女: 应该的,这是我们的荣幸。
    Q: 从对话中可以知道谁是从远地来开会?

16. 男: 你好,我想开个定存户头。
    女: 好的。请填写这份表格,也请给我您的证件。
    Q: 男生去银行做什么?

17. 女: 你好,我是新来的业务陈元元,请多多指教。
    男: 我是资讯工程师黄志,欢迎你。
    Q: 谁是这家公司的新人?

18. 女: 这件事你一定要给我一个交代,否则我今天就赖在这里不走了。
    男: 这……我实在不方便跟你说什么啊!
    Q: 女生是怎样的语气?

19. 男: 来来来,今天是折扣最后一天,买三件送一件,多买多赚。
    女: 老板,实在太划算了,我就带这九件。
    Q: 从男生的说话中,可以知道这家商店是卖什么的?

20. 女: 你别瞎说,我和他一点关系也没有。
    男: 可是公司的人常常看到你和他一起出去吃饭。
    Q: 说话的男生和女生应该是什么关系?

21. 男: 如果时间可以倒退,我一定不会做这个决定。
    女: 事情都发生了,你就别再责备自己了。
    Q: 说话的男生是怎样的心情?

22. 女: 到底有什么天大的理由,你让我在这里枯坐了一个小时,你给我说来听听!
    男: 抱歉抱歉,我的老板临时找我开会,我来不及通知你。
    Q: 什么原因让女生很生气?

23. 女: 这段时间很谢谢你的照顾,咱们后会有期了。
    男: 祝你一路顺风。
    Q: 他们两个人在干什么?

181

实用汉语水平认定考试解答　実用中国語レベル認定試験の解答例

24. 男：如果社会每个人都像你一样重视环保就好了。
女：我也只是尽己一份微薄之力而已。
Q：男生的意思是什么？

25. 男：我想请问贵公司的福利制度怎么样？
女：我们每位员工都享有保险、三节奖金。此外，公司每年会举办一次员工旅游。
Q：这位先生来公司做什么？

26. 男：恭喜恭喜，祝你们早生贵子。
女：谢谢你，我们会努力的。
Q：从对话中可以得知男生参加什么活动？

27. 男：现在的小孩很可怜，从小就被父母送到各种才艺班学习，他们的压力说不定不输大人。
女：是啊！这些父母就怕孩子输在起跑点上。
Q：哪一句话可以作为两人对话的结论？

28. 男：听说您最近要被拔擢了，恭喜恭喜！
女：您真爱说笑，谁不知道您现在是董事长跟前的红人，副总的位置应该非您莫属吧！
Q：哪个可以形容女生说话的口吻？

29. 女：和她出去逛街真是累，她买每样东西都得考虑个半天。
男：她就是这样的人啊，你又不是第一天认识她。
Q：她们所指的对象是个什么样个性的人？

30. 女：许经理，很抱歉通知您，因为我们这里最近有严重的沙尘暴，所以这次的经销商大会得延期。
男：好，我了解了，请你再通知我最后决定的日期。
Q：因为什么样的问题经销商大会得延期？

11. B	**12.** B	**13.** C	**14.** C	**15.** A
16. C	**17.** A	**18.** B	**19.** C	**20.** A
21. D	**22.** C	**23.** D	**24.** B	**25.** C
26. A	**27.** D	**28.** B	**29.** A	**30.** B

听力三： 听长对话回答问题　長い会話を聞き質問に答える

💬 31~34 对话

男：你想找哪类型的工作？

女：我今年才从大学毕业，没有任何的工作经验，但是我希望能找到一个前瞻性高的工作。还有，我大学的专业是外文系，如果新工作可以学以致用，那就更好了。

男：那你对英文教学工作有没有兴趣呢？

女：有。我大学的兼职就是教英文。

男：我帮你看看……。这里有一间小学需要英文老师，但是他们要求应聘者得有政府核定的教学执照，请问你符合这个条件吗？

女：目前我正在准备这个执照的考试，但是我需要工作，请问还有别的工作机会吗？

男：这里还有一家私人补习班需要一位英文老师，但是他提供的薪水没有像学校那么好，如果面试通过，还需要受训一个月才能正式成为老师。

女：虽然薪水不高，但总是个机会，请你帮我把履历寄给他们，谢谢！

> 31. C　32. B　33. A　34. B

💬 35~39 对话

女：咦？你好眼熟，请问你是不是张大山？

男：你真是好眼力。是的，我是张大山，请问我认识你吗？

女：你不记得我了呀？我是林美丽，你的大学同班同学林美丽。

男：啊！我想起来了，你真是越来越美丽，让我完全认不出来了。

女：想想我们毕业这么多年了，你不认得我是应该的，这些年来，我皱纹不知多了多少条呢！

男：没有，还是一样美丽，记得以前大家都叫你校花。这些年你过得怎么样呢？

女：这些年我到上海工作了，因为工作很忙，所以好几年没回到家乡。今天是因为方明结婚的关系，我才会回来。倒是你，你结婚了吗？

男：毕业两年后就结婚了，现在小孩都八岁了。

女：真是好福气，我到现在还是单身贵族呢！在城市的生活忙碌到没时间认识男人呢！

男：能在方明的婚礼上看到你真是太开心了，你这次打算停留几天呢？

女：我是今天早上才来的，很可惜城里工作忙，所以明天就得回去了。对了，你看过方明的结婚对象吗？

男：听说是相亲认识的，个性乖巧大方。他

实用汉语水平认定考试解答 実用中国語レベル認定試験の解答例

们交往了一年后决定结婚。

女：感觉大家都过得很幸福，我真替大家高兴。

35. B　36. D　37. C　38. B　39. A

40~42 对话

女：我最近很担心阿宝，他常常早出晚归，晚上一回家也不和我打招呼，就直接进去房间学习。

男：他白天不是去上课吗？

女：我想应该是的。现在他常常早餐也不在家吃，就说要到学校和同学一块儿吃，所以我早上也没机会和他聊聊天，了解他的状况。

男：他的学习成绩呢？

女：目前还可以，他的成绩一向不用我担心。

男：很多青春期的孩子都是这样的，他们变得比较重视同学，也想摆脱父母的管制，情绪上会比较多变不稳定。

女：我在书上读过这些，阿宝的确都符合上面的情况，不过我很担心他交了坏朋友。

男：你在这里瞎担心也是没有用的，你要不要跟他学校的老师联系联系，你可以请老师多留意这孩子，也可从旁多了解你

孩子的学习状况。

女：你说得对。我想我以前太专注自己的事业了，有点忽略这孩子，希望还来得及弥补我和他的感情。

男：我相信你有心经营的话，阿宝一定可以感觉得到。

40. C　41. D　42. A

43~46 对话

女：刘教授，您好，我是陈雅琪，我和您约好了今天下午讨论我的毕业论文主题。

男：嗯！我记得。我看了你写给我的电子邮件，上面写到你的论文主题与计划，我想我们今天就针对这个来进行讨论，好吗？

女：好的。

男：首先，我们先来看看你的主题—聚落文化的保存……。我建议除了在保存这个议题上进行探讨，还可以加入如何发展聚落文化，你觉得呢？

女：嗯……，我本来没有想到这点，谢谢教授提醒。不过我想在发展聚落文化的部份，可以透过政府的力量，将聚落重新规划，提供民众参观，也藉此让民众更加了解这些地方的历史。

男：没错。但是这样做也有可能会打扰到当

地居民,所以你应该在论文里提到这些措施会带来哪些优缺点。

女:好,我知道了。我会把发展观光的建议加在我的访谈问题里,从访谈中来了解当地居民的态度。

男:你打算做几份访谈问卷呢?

女:目前估计三十份,等我拟订好问题会再寄给您。

男:好。那你打算选定什么形式的聚落进行研究?

女:我想以我家乡那里的几个寺庙聚落进行研究,因为从小我常陪母亲到那些寺庙拜拜,我一直很喜欢那里的环境,很想深入了解。

男:好……接下来我们来看看你的论文时程表……。(声音渐弱)

43. B 44. A 45. C 46. C

💬 47~50 对话

女:你知道吗?从吃东西也可以看出一个人的性格。

男:真的吗?说来听听。

女:西方有位爱伦·赫西博士花了二十年的时间研究食物和性格的关联,他发现有某些性格特质一样的人往往会选择相同的食物。例如,会选择坚果当点心的人大多很可靠,而喜欢吃洋芋片的人想要在人生中出人头地。

男:那像我这样喜欢吃辣的人呢?

女:根据赫西博士的研究,喜欢吃辣的人表示喜欢秩序而且不喜欢浪费时间。

男:说得真好,我的确很讨厌人家迟到浪费我的时间。

女:那我给你做个测验,有四种冰淇淋口味,你选一个你最喜欢的:香草、巧克力碎片、草莓和咖啡。

男:嗯……我选巧克力碎片。

女:选巧克力碎片的人表示有企图心,喜欢竞争,还有比较具有魅力。

男:没错没错。我是个很有魅力的人呢!

女:我想赫西博士少说了一个重点,喜欢巧克力碎片的人也是很自恋的人吧!

47. C 48. A 49. D 50. A

185

实用汉语水平认定考试解答 実用中国語レベル認定試験の解答例

听力三: 听文章做笔记题　比較的長い話を聞き内容について答える（記述式）

51～60

　　在很多地方，受教权是很一般的基本人权，联合国更认定受教权是一种基本人权，但对于某些国家的人民，接受教育却是件很难能可贵的事。因此，推广教育不该只是老师或家长的职责，这是每个人都应该尽自己一份心力帮忙的事。令人感动的是，在这个世界上，还有许多人为推广教育而努力，诺贝尔和平奖被提名人葛瑞格•摩顿森(Greg Mortenson)正是一个爱心教育家的典范。

　　一九九三年，摩顿森在一次登山健行旅途中迷路受伤，被巴基斯坦的偏远小村柯尔飞的善心村民所救。他惊讶地发现这个村落没有学校，用树枝在泥巴上书写是当地小朋友唯一可练习写字的方式。当摩顿森离开村落时，他承诺要回来盖一所学校。

　　摩顿森回到自己国家后，卖掉自己的车、离职，并演讲募款。最后，他和别人共同创办了非营利组织中亚协会。其目的是在南亚的偏远地区建学校。在一九九六年，摩顿森实现了他的诺言，为科尔飞村民盖了一所学校和一座桥。

　　多年来，中亚协会在巴基斯坦和阿富汗建立了一百七十所学校，造福五万八千名学生。其中超过半数是过去不准受教育的女孩。他们在建校过程中，面临了许多困难，例如恐怖份子的威胁、战火侵袭及地震等。但是他们深信对当地人来说，教育是改善他们生活与掌控未来的最好方式。小孩们正拿起笔学习而非拿起武器。

　　中亚协会和摩顿森开办了"捐一块钱给和平"的活动，请全世界的人民帮助这些孩子。每一分钱和每支铅笔都可给予一个孩子适当接受教育的机会及带来世界和平的希望。

51. 教育　　　　　　**52.** 受教权　　　　　　**53.** 和平奖

54. 受伤　　　　　　**55.** 受教权　　　　　　**56.** 和平奖

57. 女孩　　　　　　**58.** 地震　　　　　　　**59.** 武器

60. 捐一块钱给和平

61~70

　　全世界的人每年花上数百亿元购买维他命补充剂。他们的目的是要增进健康，所以在把维他命丢进嘴里的同时，他们认为自己正在做对身体好的事。不幸的是，科学开始证明维他命补充剂不像以往人们所想的那般有益健康。

　　许多人服用综合维他命补充剂来帮助预防心脏病和癌症。但是，一份针对上了年纪的女性所做的研究却无法找出支持此论点的证据。此外，很多人也服用维他命C补充剂来预防感冒。但证据显示，只有在严寒环境下劳动身体的人能从维他命补充剂获得此种预防功效。

　　制造维他命补充剂的最初想法是，希望其能提供与蔬菜水果一样价值的营养。例如:大家都知道菠菜与红萝卜具有大量人类所需的养分，因此科学家萃取这些特定的物质，制成药丸式的营养补充剂。

　　问题是，科学家仍未完全了解为何某些食物有益健康，他们发现有些维他命补充剂根本无法达到理想的功效。你可以服用一颗维他命补充剂，其含有蕃茄或豆类所能提供的矿物质；但不要相信，你会因此得到和直接食用这些食物时相同的健康效益。

　　尽管这些研究结果令人沮丧，贩卖维他命补充剂的公司还是透过广告紧紧掌握舆论。想当然尔，这些以获利为主的商业公司，在科学研究尚未完全明朗之前，仍是竭尽所能吸引消费者掏出荷包购买产品。

　　说到健康，大家必须了解世上没有万灵丹。我们可以藉由食用蔬菜水果等有益健康的食物来摄取我们所需的各种维他命。如果利用补充剂作为快捷方式，结果可能弊多于利。

61. 营养/健康　　62. 健康　　63. 心脏病
64. 维他命C　　65. 蔬菜　　66. 药丸
67. 矿物质　　68. 广告　　69. 商业
70. 维他命补充剂

实用汉语水平认定考试解答 実用中国語レベル認定試験の解答例

综合运用 総合応用問題

综合運用一：虚词、关联词语填空　穴埋め問題

71. B	72. D	73. A	74. A	75. C	76. A
77. B	78. D	79. A	80. D		

综合運用二：实词词序　語順問題

81. D	82. A	83. D	84. B	85. C	86. A
87. A	88. D	89. C	90. B	91. A	92. B
93. B	94. D	95. A	96. B	97. D	98. C
99. A	100. C				

综合運用三：词汇和阅读　読解問題

101. D	102. C	103. B	104. A	105. A	106. C
107. D	108. C	109. A	110. B	111. C	112. C
113. C	114. D	115. D	116. C	117. B	118. D
119. C	120. B	121. C	122. B	123. A	124. A
125. B	126. C	127. C	128. A	129. D	130. A

综合運用四：挑错　誤用の指摘

131. B	132. C	133. B	134. C	135. D	136. A
137. C	138. D	139. B	140. C		

綜合運用五: 综合填空　総合穴埋め問題

141. 好

142. 得

143. 也

144. 近视

145. 了

146. 是

147. 答案

148. 有的

149. 掉

150. 更

綜合運用六: 造句　穴埋め作文（記述式）

151. 还让他接受专业的训练

152. 还有很多需要被帮助的孩子

153. 我的英雄是我爸爸

154. 他是别人的老师

155. 他是个好爸爸

156. 更让人吃惊的是 / 更教人吃惊的是

157. 也可以加强脑力（表现）

158. 其中有个你不可错过的地方 / 其中有个你一定要去的地方

159. 但由此可见其壮观的程度 / 但可以知道万里长城是非常壮观的

160. 不然爬到中途就放弃的话 / 不然爬到一半就放弃的话

LiveABCスタッフ

チーフ・プロデューサー	鄭俊琪
チーフ・エディター	陳豫弘
エグゼクティブ・エディター	方虹婷、張靜嵐
エディター	張郁函
エディトリアル・デザイン	王瑄晴
DVD-ROMディレクター	李志純
DVD-ROMデザイナー	陳淑珍
DVD-ROM製作	簡貝瑜、黃鈺皓
海外事業部	高橋燁、呂寧真、黃玉鳳、佐藤生

DVDで学ぶ ライブビジネス中国語
DVD-ROM付
2012年2月1日　初版第1刷

製　作	株式会社LiveABC
監　修	大羽りん（株式会社シー・コミュニケーションズ）
日本語訳	家本奈都、高橋燁
発行所	株式会社LiveABC
	台北市八德路三段32号12階
	電話 +886-2-2578-7838, + 886-2-2578-5800
	http://www.LiveABC.com
	E-mail: Service@LiveABC.com
発売元	株式会社東方書店
	東京都千代田区神田神保町1-3　〒101-0051
	電話 03-3294-1001　営業電話 03-3937-0300
印刷所	禹利電子分色有限会社

※定価はカバーに表示してあります。

©2011　LiveABC
ISBN978-4-497-21117-0　C3087

乱丁・落丁本はお取り替えいたします。恐れ入りますが直接東方書店までお送りください。
®本書を無断で複写複製（コピー）することは、著作権法上での例外を除き、禁じられています。
本書をコピーされる場合は、事前に日本複写権センター（JRRC）の許諾を受けてください。
JRRC〈http://www.jrrc.or.jp　Eメール：info@jrrc.or.jp　電話：03-3401-2382〉